La Banque africaine de développement

Réformer la gouvernance face au piège de la pauvreté

Collection « Afriques en mutations »
Dirigée par Ange Bergson Lendja Ngnemzué (PhD, HDR)

Cette collection accueille des travaux universitaires en sciences humaines et sociales, ainsi que des essais de bonne expertise consacrés à l'Afrique et aux sujets pertinents pour le continent. De facture empirique ou non, les ouvrages de la collection proposent des analyses innovantes ou critiques qui mettent en lumière les racines du présent africain, les logiques endogènes et les transformations qui s'y greffent. L'enjeu est d'explorer au plus près le local et ses rapports au monde, tels qu'ils se construisent sur différents aspects (culturel, politique, économique, diplomatique, etc.) et se confrontent à eux-mêmes ou aux dynamiques importées. Dans le champ des recherches africanistes, ces études montrent un continent profondément diversifié, contemporain et bouillonnant d'inventivité et de créativité humaine, de renouvellement autant sur l'éthique de l'action que sur les techniques de soi. Tous en quête d'innovation, les ouvrages de la collection enquêtent en profondeur, quitte à bouger les lignes traditionnelles d'analyse aux trois niveaux théorique, conceptuel et méthodologique, et à déconstruire les thèses dominantes en cours, qui sont parfois construites hors-sol.

Série "EXPERTS & GRANDS TEMOINS"

Cette série accueille des essais de gouvernants, cadres ou consultants en retour d'expérience sur les institutions nationales et panafricaines, ou ayant l'Afrique pour terrain d'intervention

Magatte WADE

La Banque africaine de développement

Réformer la gouvernance face au piège de la pauvreté

L'Harmattan

5-7, rue de l'École-Polytechnique, 75005 Paris

www.harmattan.fr

ISBN : 978-2-343-22932-4
EAN : 9782343229324

Je dédie ce livre à toutes les citoyennes et à tous les citoyens du monde qui se consacrent inlassablement à la promotion du développement économique et social en Afrique.

Ce livre est particulièrement dédié à la jeunesse africaine et aux femmes africaines dont je salue les efforts déployés pour renverser la tendance des images négatives qu'une bonne partie de la presse occidentale véhicule à propos de l'Afrique.

Enfin, je dédie ce livre à ma famille, à mes parents et à mes amis qui m'ont toujours fait confiance, particulièrement à mon frère Makhète Wade qui a veillé sur la famille tout le temps de mon long séjour en dehors du Sénégal.

Remerciements

Je remercie toutes les personnes qui, de près ou de loin, ont contribué à la collecte d'informations pour la rédaction de ce livre.

Mes remerciements vont particulièrement à mes anciens collègues de la Banque africaine de développement, actifs ou à la retraite, pour leur importante contribution au manuscrit.

Je garde une pensée pieuse à l'endroit des nombreux collègues et amis qui ont été arrachés à notre affection durant notre long parcours professionnel.

Enfin, que Monsieur Ange Bergson Lendja Ngnemzué (PhD, HDR), fondateur et directeur de la collection « Afriques en mutations » *dans laquelle paraît ce livre aux éditions L'Harmattan à Paris, soit vivement remercié pour son énorme et riche contribution à la relecture et à l'édition de ce livre.*

Acronymes

AAA : Notation Triple A
AFREXIMBANK : Banque africaine d'Import-Export
AIAFD : Association des Institutions africaines de financement du développement
ACBF : Fondation africaine pour le renforcement des capacités
APDF : African project development facility
BAD : Banque Africaine de développement
BERD : Banque européenne de développement
BID : Banque islamique de développement
BOAD : Banque ouest-africaine de développement
CEA : Commission économique pour l'Afrique
CEDEAO : Communauté économique des états de l'Afrique centrale
FAD : Fonds africain de développement
FMI : Fonds monétaire international
FSN : Fonds spécial du Nigeria
La Banque : La Banque africaine de développement
ODD : Objectifs du développement durable
ODM : Objectifs du Millénaire pour le développement
ONG : Organisation non gouvernementale
ONU : Organisation des Nations unies
PIB : Produit intérieur brut
PMR : Pays membres régionaux
PMI : Petite et moyenne industrie
PME : Petite et moyenne entreprise
PMNR : Pays membres non régionaux
SFI : Société financière internationale
UEMOA : Union économique monétaire ouest-africaine
ZLECA : Zone africaine de libres échanges

Avant-propos

Ce livre est le fruit de mon expérience personnelle au sein de la Banque africaine de développement (BAD). Le contenu a été enrichi par les témoignages de nombreux collègues et anciens fonctionnaires de la BAD, qui ont bien voulu me confier une partie de leur vie au sein de l'institution. Au cours de la rédaction finale de ce livre, qui a débuté en 2020, j'ai eu la chance de rencontrer des personnalités du monde du financement du développement et de la politique, qui a bien voulu partager avec moi une partie de leurs connaissances se rapportant à la Banque africaine de développement.

La publication de l'ouvrage vise à faire connaître la Banque africaine de développement à travers les sources de motivation de ses pères fondateurs. Le contexte dans lequel l'institution a été créée mérite d'être connu afin que l'héritage soit préservé. Il est aussi important, en dépit de toutes les turbulences, de maintenir le cap sur le noble objectif qui est de « promouvoir le développement économique et social des pays africains pris individuellement ou collectivement ».

Mon passage au sein de la Banque africaine de développement a duré plus de 20 ans, de 1989 à 2014. J'y ai servi, à plusieurs niveaux, en qualité de consultant et d'agent temporaire dans le domaine de la communication et de l'éducation. Ce passage de longue durée m'a permis d'avoir au fil du temps une bonne compréhension du fonctionnement de l'institution et de l'Afrique. En outre, de 1997 à 2001, j'ai occupé le poste de Secrétaire général de l'Association des Institutions africaines de financement du développement (AIAFD), qui était logée depuis sa création en 1975 au sein de la Banque africaine de développement.

À l'AIAFD, j'ai eu le bonheur d'avoir conclu et signé l'Accord de Siège avec le gouvernement ivoirien, représenté à l'époque par le ministre des Affaires étrangères, S.E.M Amara Essy, et d'avoir réussi à doter l'AIAFD d'un siège flambant neuf aux Deux Plateaux à Abidjan. C'est ainsi que l'AIAFD est devenue autonome vis-à-vis de la BAD. J'ai démissionné de l'AIAFD en 2001 pour saisir une nouvelle opportunité qui s'offrait à moi à la Banque africaine de développement. En 2014, j'ai quitté volontairement la BAD où j'occupais le poste de Chef de la communication et des relations extérieures, pour retourner au Sénégal et me lancer en politique à la faveur des élections municipales de 2014. Mon retour fut couronné de succès, car je fus élu Maire de la commune de Meckhé, ma ville natale.

Au sein de la Banque africaine de développement, j'ai travaillé sur d'importants dossiers tels que la mise en œuvre du plan de continuité des opérations ainsi que la relocalisation des opérations de la Banque à Tunis lors de la grave crise sociopolitique qui a secoué la Côte d'Ivoire.

J'ai aussi eu le privilège de conduire d'importants programmes et projets au sein de la Banque, tels que la première stratégie de communication et le lancement du nouveau site Web. Notre contribution au lancement de la célébration du 40e anniversaire de la Banque fut remarquable.

Durant mon passage à la Banque africaine de développement, j'ai travaillé sous la direction de trois présidents que furent Babacar Ndiaye, Omar Kabbaj et Donald Kaberuka. Des présidents talentueux, mais ayant chacun son tempérament et son expérience personnelle des hommes et des institutions. Comme cela sera établi dans ce livre, ils avaient des styles de gestion très différents, en dépit de la stabilité technique de l'institution. Les différentes fonctions que j'ai exercées m'ont souvent mis dans des situations de proximité avec l'exécutif, me permettant de jouer aussi bien le rôle d'acteur que celui de simple observateur. C'est donc fort de cette riche expérience institutionnelle de plus de vingt ans que j'ai décidée de rédiger ce livre, enrichi par des anecdotes à couper le souffle.

Ce livre n'est ni un traité d'histoire ni une autobiographie. Il est simplement le témoignage d'un vécu professionnel et social saupoudré d'appréciations et d'analyses personnelles. Il passe en revue la mission de l'institution ainsi que la gouvernance institutionnelle sous différentes directions et à des moments particuliers de l'évolution économique et politique de l'Afrique. La performance opérationnelle de l'institution et son succès n'ont pas suffi à éradiquer la pauvreté en Afrique. Dès lors, et au regard des nombreuses restructurations opérées au sein de l'institution, l'heure n'est-elle pas venue de procéder à un changement radical qui consisterait à repenser les fondements de l'institution en la dotant d'une nouvelle charte avec des missions dont la mise en œuvre serait plus déconcentrée et mieux décentralisée ?

La parution de ce travail était prévue en 2005, juste à la fin du mandat de Omar Kabbaj. Mais vu que ma mission au sein de l'institution se prolongeait avec l'arrivée d'une nouvelle direction dirigée par le Rwandais Donald Kaberuka, élu en 2005, j'avais décidé de surseoir à cette parution afin d'enrichir mon propos d'expériences nouvelles. Il était dès lors évident que des passages du manuscrit initial seraient supprimés, parce que ne collant plus à l'ère du temps. Quinze ans plus tard, je vous livre enfin ma part de vérité sur la BAD, que j'ai quittée librement en 2014, bien avant ma retraite.

Introduction générale

L'évolution de la Banque africaine de développement est restée intimement liée à celle du continent africain dans son ensemble, même si, en dépit de l'intensité des crises, elle a tenu, solidement fixée sur son socle financier. La BAD est considérée aujourd'hui comme une institution continentale qui a toujours fait l'objet d'un large consensus pour ne pas bloquer son fonctionnement. Elle a ainsi survécu à toutes les grandes épreuves et aux crises qui ont secoué le continent, même s'il est évident qu'une institution politique fait face à plus de turbulences qu'une institution financière de développement, en raison, dans le cas d'une institution politique, des divergences idéologiques et des conflits d'intérêts souverains. En même temps, l'évolution de la Banque africaine de développement a souvent épousé les contours de l'évolution politique et économique du continent africain.

L'évolution de la Banque africaine de développement a épousé tous les segments de l'histoire politique et économique du continent. En dépit de l'intensité des épreuves, la BAD reste encore solide et crédible financièrement. Elle a traversé toutes les grandes crises politiques du continent. Cela ne fut pas le cas de l'Organisation de l'Unité africaine (OUA), portée sur les fonts baptismaux le 25 mai 1963 par 32 pays indépendants. Elle a été réformée sous l'impulsion du Colonel Khadafi pour devenir en 2002 à Durban l'Union africaine (UA), avec 53 États indépendants, à l'exception du Maroc qui s'en était retiré en 1984 en guise de protestation contre la reconnaissance de l'État du Polisario par l'Organisation.

Pour bien comprendre la Banque africaine de développement, il importe de bien connaître l'évolution de l'Afrique. La banque a toujours ajusté ses opérations à la mission définie dans la charte portant création de la Banque africaine de développement. Sa mission, qui n'a pas changé au fil du temps, est de promouvoir le développement économique et social des pays africains, pris individuellement ou collectivement. La BAD a toujours mené ses activités au rythme des orientations politiques du continent, en partageant avec elles ses doutes, ses échecs et ses succès.

Le mythe qui s'est construit autour des bons résultats qu'enregistre la BAD est un phénomène qui touche toutes les grandes institutions. En lisant ce livre, le lecteur se rendra compte que la BAD est une institution spécifiquement africaine à sa création, mais qui devient, au cours de son développement, une institution internationale, à la suite de l'ouverture de son capital aux pays non africains. Au fil du temps, des générations d'hommes et de femmes se sont succédé à la tête des États et des institutions en Afrique, avec le même objectif, mais pas toujours avec le même niveau d'engagement. Mais un point fait consensus : la démarche des pères des indépendances africaines et celle des pères fondateurs de la Banque africaine de développement feront longtemps tache d'huile dans les annales de l'histoire de l'Afrique.

Aujourd'hui, l'Afrique est à un tournant décisif de son évolution. Aussi est-il utile de passer en revue les temps forts de sa marche vers le progrès, marquée, on le sait, par de nombreux écueils et des moments de succès. La création de la Banque africaine de développement fut un temps fort des succès remportés par le continent dans sa quête de liberté et d'indépendance pour financer ses propres projets et programmes de développement. Pour les pères fondateurs, c'eût été une gageure de se libérer du joug colonial et de dépendre de la métropole pour trouver les ressources nécessaires au financement de notre développement. Dès lors, l'option de créer un outil de financement du développement germait dans la tête des pères des indépendances. Cela conduisit à l'idée de créer une banque africaine de développement par les Africains pour servir l'Afrique.

Par ce livre, je voudrais aider le grand public, notamment les populations dont les impôts et taxes alimentent les caisses de l'institution, à bien comprendre la mission, les réalisations et les défis actuels et futurs de la Banque africaine de développement, face à ceux de l'Afrique qu'elle entend servir.

Cependant, ce livre n'est pas un manuel d'histoire sur la banque africaine de développement (BAD), même s'il comporte de nombreux témoignages et éclaire le lecteur sur les différentes étapes qui ont abouti à la création de l'institution. Il y a plusieurs « histoires » au sujet de la création de la BAD. Elles se contredisent parfois, si bien que la vérité se dilue dans le temps et dans la conscience des pionniers.

Les contradictions les plus frappantes émanent des membres du « Comité des neuf »[1] que présida M. Roméo Horton[2]. Ce dernier revendiqua, pour le compte du Président Tubman dont il fut le Conseiller, la paternité de la création de la BAD. Mais un groupe du « Comité des neuf », ayant à sa tête M. Sékou Traoré du Mali, la lui contesta sans pour autant nier son inestimable contribution au projet de création de la BAD. Selon Sékou Traoré, la préparation des dossiers techniques et les différentes négociations avec les partenaires au développement pour créer la BAD furent marquées par l'engagement et l'intelligence de M. Mamoun Beheiry, alors ministre des Finances du Soudan.

Suite au brillant témoignage de Romeo Horton lors de la célébration du quarantième anniversaire de la BAD tenue à Tunis en septembre 2004, M. Sékou Traoré m'avait confié en présence de ses parents et d'amis maliens travaillant à la BAD que le témoignage de Romeo Horton se limitait à l'événementiel. Il ajouta :

---

[1] Le Comité était composé de neuf membres, d'où son nom.

[2] Ancien directeur de la Banque Nationale du Liberia et ancien conseiller du Président libérien Tubman, Roméo Horton est mort en décembre 2005.

« Bien qu'il fût le Président du Comité des neuf, nous tenions des réunions à son insu au nom du Groupe de Casablanca pour harmoniser nos points de vue et faire le bilan sur nos avancées. Les termes de référence de toutes les missions auxquelles Romeo fait mention ont été écrits par le Comité des Neuf ».

Sékou Traoré ne semblait pas apprécier le fait que Horton mettait presque tout à la première personne, comme s'il eût été seul maître à bord dans le processus visant la création de la Banque africaine de développement.

De fait, une polémique peut s'ouvrir autour de l'histoire de la création de la BAD. Dans ce livre, la clarification qui s'impose sur le processus ayant conduit à la création de cette banque panafricaine se limitera aux faits susceptibles de mieux informer le lecteur sur l'environnement politique, économique et institutionnel de la BAD. Sur la connaissance fine de la naissance de cette institution, il appartiendra à l'histoire d'écrire les pages que les générations futures retiendront de la première institution africaine de financement du développement. Quoi qu'il en soit, le livre s'inscrit dans une dynamique de diagnostic afin d'évaluer les forces et les faiblesses de la Banque africaine de développement dans sa lutte contre la pauvreté en Afrique. La refonte de l'institution risque fort bien de s'imposer à la suite des nombreuses réformes déjà engagées, et qui n'ont pas permis à la BAD d'ajuster ses interventions à la dure réalité africaine. Dans la gestion de la lutte contre la pauvreté articulée autour de l'évolution politique et économique du continent, la BAD, malgré les efforts consentis, n'a pas réussi à vaincre la pauvreté, conformément à la mission qui lui avait été assignée dans la charte portant création de la Banque africaine de développement.

Le livre retrace la vie de l'institution en remontant le temps depuis sa création jusqu'à nos jours et en mettant en exergue ses succès et ses échecs. Au fil du temps, l'institution a enregistré des performances remarquables qui ont consolidé sa crédibilité financière et son leadership international. Cette *success story* obtenue à coups de milliards de dollars injectés dans l'économie des pays membres régionaux n'ont pourtant pas permis à l'institution de réussir la mission que lui avaient assignée, à sa création, ses pères-fondateurs. Des échecs, il y en a eu, mais les ajustements structurels à coups de réformes successives n'ont jamais permis d'apporter les corrections ni les changements nécessaires. Les directions qui se sont succédé à la présidence de l'institution n'ont jamais réussi à conduire les réformes attendues pour éradiquer la pauvreté sur le continent. Il est évident que beaucoup d'efforts ont été consentis sans jamais atteindre le résultat ultime attendu. Il est donc temps de repenser la Banque africaine de développement dans son fonctionnement ainsi qu'au niveau de sa gouvernance. Dans la mesure où ses multiples réformes n'ont pas permis à la BAD d'éradiquer la pauvreté, ne faudrait-il pas changer radicalement de cap en repensant l'institution ?

La réponse à cette question centrale se construit au fil des pages de ce livre, qui proposent une approche à la fois chronologique et critique du parcours de la BAD. Au titre de l'analyse chronologique, la première étape du travail est consacrée à un aperçu général de l'évolution de l'Afrique (chapitre 1), qui prépare à la compréhension de la genèse et de la création de la BAD au lendemain des indépendances (chapitre 2). Au chapitre 3 est présentée la première génération des Présidents de la BAD, du Soudanais Mamoun Beheiry (1964-1970) au Zambien Willa Mun'gomba (1980-1985). Par la suite, l'analyse s'intéresse à la longue séquence des présidences décennales. Ainsi, le chapitre 4 est entièrement consacré à la décennie présidentielle du Sénégalais Babacar Ndiaye (1985-1995), qui fut quelque peu agitée sur sa fin. Le chapitre 5 revient sur les conditions de l'élection et le bilan du Marocain Omar Kabbaj, qui présida aux destinées de la BAD de 1995 à 2005. Le chapitre 6 est consacré à la décennie du Rwandais Donald Kaberuka (2005-2015). Avant de présenter le fonctionnement et la direction de la BAD sous le Nigérian Akinwumi Adesina, aux affaires depuis 2015 et en cours de second mandat (chapitre 8), l'analyse propose un retour sur les rapports tumultueux et presque chaotiques entre la BAD et la Côte d'Ivoire durant la crise ivoirienne (chapitre 7). Au titre de l'approche critique, la suite de l'analyse pose un regard distancié sur la gouvernance de la BAD en tant qu'institution gestionnaire (chapitre 9). Au vu des crises et des choix parfois profitables aux actionnaires de l'institution plutôt qu'au développement du continent, l'analyse suggère que la BAD se recentre sur les défis imposés aux Africains par la pauvreté de masse (chapitre 10). Pour tenir ce cap, cette institution panafricaine est amenée à se réinventer elle-même, en se soumettant à des réformes que précise l'analyse (chapitre 11).

Chapitre 1
Un aperçu de l'évolution de l'Afrique

Ce chapitre liminaire revient rapidement sur l'histoire en temps long du continent africain. L'Afrique est en effet une région du monde à l'histoire tourmentée. Sa grandeur d'antan, remarquable et de retentissement planétaire, a été peu à peu voilée par la pénétration des civilisations étrangères, qui ont joué de falsifications et d'imposition de nouvelles normes et de nouvelles conduites. En effet, les marchands et conquérants arabo-berbères, puis les explorateurs et les impérialistes venus de l'Europe occidentale, ont peu à peu transfiguré culturellement le continent, contraignant les populations locales à obéir à de nouvelles figures théologiques et à de nouvelles formes d'organisations politiques. À ce titre, la traite négrière et plus tard la colonisation occidentale n'ont pas fait que dépouillé le continent de ses bras et de ses cerveaux : ces formes brutales de pénétration et de domination ont aussi touché les cultures antérieures qui prospéraient sur le continent. Des aspects saillants de ce processus de destruction sont ici rappelés, de la traite négrière (2) à la pénétration coloniale (3). Nous partons du rétablissement de la vérité historique autour de la civilisation négro-africaine proposé par le savant sénégalais Cheikh Anta Diop[3] (1), pour terminer le chapitre sur cette ambition d'une

---

[3] En tant qu'historien et archéologue, Cheikh Anta Diop (1923-1986) avait choisi, comme cheval de bataille, la réhabilitation ethnohistorique de l'Afrique. Ses recherches ont porté sur les origines de la civilisation égyptienne afin d'en démontrer les racines négroïdes. Comment la première grande civilisation connue du monde pouvait-elle être nègre ? Cet engagement destiné à mettre en application ses théories sur l'antériorité des civilisations nègres a abouti à la mise en place, au sein de l'Institut fondamental d'Afrique noire (IFAN), du laboratoire de datation au carbone 14. Grâce à ses recherches et à sa notoriété scientifiques, le doute relatif à l'origine nègre de la lignée des pharaons d'Égypte a été levé. Ramsès II était certainement nègre comme l'ont attesté ses travaux. Cheikh Anta Diop est l'auteur de plusieurs ouvrages sur l'Égypte ancienne, dont (1954) *Nations nègres et cultures,* Paris Présence africaine et (1967) *Antériorité des civilisations nègres : mythe ou vérité historique ?*. Présence africaine. Pour un aperçu de l'envergure de la pensée de Cheikh Anta Diop, voir Obenga, Théophile. « Cheikh Anta Diop et les Autres. » *Présence*

reprise en main de l'Afrique par les Africains que portèrent les pères des indépendances, largement trahis par le contexte et la conjoncture (4).

1.1 Réhabilitation de l'Afrique négro-égyptienne

Dans ses travaux, Cheikh Anta Diop a brillamment démontré que l'Afrique a été le berceau de l'humanité et de la plus grande des civilisations au monde, à savoir la civilisation égyptienne. Il a consacré des recherches approfondies à ce sujet, pour donner précisément une assise scientifique à la « conscience historique nègre africaine »[4]. La civilisation égyptienne est riche en bâtisseurs de monuments et de pyramides. Les pyramides témoignent de la grandeur architecturale de l'Égypte. L'Afrique a également été le berceau d'empires et de royaumes prospères tels que les royaumes mossis, Wagadou, Sonrai, Mandingue, Dahomey, Zulu, Kitari, Kajoor, Wasalu, Swahili, Andrianamponimerina, Congo, etc. L'Afrique a donné naissance à d'anciennes et riches civilisations comme celles de l'Égypte ancienne, de NOK et de Nisibidi. Ce continent fut le berceau de l'architecture moderne et de la géométrie. Les vestiges des pyramides de Gyza en Égypte témoignent encore de la grandeur architecturale de l'Égypte de Ramsès II, le nègre. Jusqu'à la veille de l'esclavage et de la colonisation, le continent africain fut un bouillonnement de civilisations. En effet,

> « *Au XVIe siècle, dans la plupart des régions d'Afrique subsaharienne, il existait des villes considérables pour l'époque (soixante mille à cent quarante mille habitants ou plus), de gros villages (mille à dix mille habitants), souvent dans le cadre de royaumes et d'empires remarquablement organisés, et aussi des territoires à habitat dispersé dense. C'est ce que révèlent les vestiges et les fouilles*

---

africaine, Nouvelle Série, no. 105/106 (1978) : 29-44 et Mpondo, Robert. « Cheikh Anta Diop : le rebelle. », *Afrique 2000 : revue trimestrielle* 20 (1995) : 75-93.

4 Cheikh Anta Diop, *Antériorité des Civilisations nègres, op.cit.*, p.164.

archéologiques ainsi que les sources écrites, tant externes (arabes et européennes, antérieures au milieu du XVIIe siècle) qu'internes (chroniques autochtones rédigées en arabe, langue de la religion comme le latin en Europe). L'agriculture, l'élevage, la chasse, la pêche, un artisanat très diversifié (métallurgie, textile, céramique, etc.), la navigation fluviale et lacustre, le commerce proche et lointain, avec monnaies spécifiques, étaient très développés et actifs »[5].

Cheikh Anta Diop était aussi un intellectuel avant-gardiste sur les questions environnementales. Dès le début des années 1960, il fut le premier chercheur africain à alerter la communauté internationale sur l'avancée du désert en Afrique subsaharienne. Il exhorta les autorités de l'Afrique de l'Ouest, et particulièrement celles du Sénégal, à mettre en place des mesures préventives telles que la reforestation. Senghor, alors chef de l'État sénégalais, voyait en lui un débile qui délirait[6]. Selon le Président-Poète, comment expliquer que le désert qui avait alors ses limites en Mauritanie pouvait s'étendre jusqu'en Côte d'Ivoire ? Aujourd'hui, l'histoire a donné raison à Cheikh Anta Diop, car la déforestation a gagné du terrain presque partout en Afrique et particulièrement du Sénégal au nord de la Côte d'Ivoire.

---

[5] Louise Marie Diop-Maes, « Mémoire de la traite négrière. Conséquences sur l'Afrique », *Le Monde diplomatique,* novembre 2007, p. IV, disponible sur https://www.monde-diplomatique.fr.

[6] Sur les rapports entre Senghor et Cheikh Anta Diop, voir Tine, Antoine. *Léopold Senghor et Cheikh Anta Diop face au panafricanisme : deux intellectuels, même combat, mais conflit des idéologies ?* J.-M. Tremblay, 2008. Diop, Boubacar Boris. « Le Sénégal entre Cheikh Anta Diop et Senghor. » *The University of Texas at Austin* (2006) et Zorgbibe, Charles. "Senghor et Cheikh Anta Diop ou la conscience restaurée." *Géopolitique africaine* 13 (2004) : 161-174.

1.2 La traite négrière et ses dégâts sur l'Afrique

La traite négrière débuta au XVIe siècle. Elle aura duré près de trois siècles. La traite négrière marqua le début de la conquête violente de l'Afrique par les puissances occidentales. En effet, les premiers navigateurs portugais foulèrent le sol africain au Moyen Âge. Selon des sources concordantes, les Portugais débarquèrent sur les côtes de l'Afrique de l'Ouest vers 1425[7]. Ils furent, contrairement à l'idée que l'on peut se faire en visitant les sites témoins de leur domination sur tous les océans, les plus avancés en matière de navigation de l'époque. En ce temps-là, la plupart des paquebots battaient pavillon portugais. C'est ainsi qu'ils débarquèrent sur les côtes occidentales et australes du continent africain et y établirent des comptoirs commerciaux. Le commerce ou la traite des Noirs, l'une des plus grandes et des plus tristes aventures de l'humanité, prit naissance avec les comptoirs commerciaux, puis avec le troc et enfin avec les échanges entre humains et produits de pacotille[8]. Cette traite décima tout le potentiel humain du continent, car n'étaient vendus que des êtres de valeur, notamment des hommes vaillants, des femmes aux seins fermes et des enfants aux dents solides[9]. Cela montre, à suffisance, que le commerce des esclaves *« fonctionnait à l'hémorragie et à la ponction des bras les plus utiles et des énergies les plus vitales des sociétés pourvoyeuses d'esclaves »*[10].

---

[7] Sur la participation portugaise à la traite négrière en Afrique, voir Da Veiga Pinto, F. Latour. « La participation du Portugal à la traite négrière. » *La traite négrière du XVe au XIXe siècle, Histoire générale de l'Afrique. Études et documents* 2 (1985) : 130-160.

[8] Sur ce point, voir Renault, François, et Serge Daget. *Les traites négrières en Afrique*. Vol. 16. Karthala Editions, 1985 et Omotundé, Jean-Philippe. *La traite négrière européenne : Vérité et Mensonges*. Vol. 3. menaibuc, 2003.

[9] Pluchon, Pierre. *Les négriers : le commerce des esclaves africains*. FeniXX, 1981 ; Coquery-Vidrovitch, Catherine, and Éric Mesnard. *Être esclave : Afrique-Amériques, XVe-XIXe siècle*. La Découverte, 2019.

[10] Mbembe, Achille. *Politiques de l'inimitié*. La Découverte, 2018, p.18. La vie cruelle des Africains capturés et déportés dans des conditions inhumaines

Selon les historiens, la traite négrière a entraîné la déportation et la mort de plus de 28 millions d'Africains[11]. Ses ravages furent énormes ainsi que ses conséquences sur l'évolution du continent. L'Afrique perdit d'importantes ressources humaines et économiques, avec la déportation de ses bras les plus valides vers les Antilles, Cuba, les États-Unis d'Amérique et la Guyane. L'Afrique enregistra ses premiers foyers de tensions entre tribus rivales, à cause des razzias et de la chasse à l'homme. Les armes et l'alcool, ainsi que la pacotille, étaient les moyens de troc pour se procurer des esclaves, du sel et de l'or. Mais si l'Afrique a subi des pertes immenses avec la traite négrière, en termes de ressources humaines et économiques, elle a survécu grâce à une forte natalité soutenue par une subsistance alimentaire. Il faut aussi noter que de l'intérieur du continent africain et du sol européen, la résistance à la déportation et au commerce des esclaves fut forte par endroits[12].

La pénétration de l'Occident esclavagiste, après celle des esclavagistes arabo-berbères aux VIIIe-XIe siècles[13], ne s'était donc pas faite sans résistance des peuples africains qui étaient organisés en des royaumes puissants. N'eussent été les complicités de chefs traditionnels et des guerriers de puissantes tribus aveuglés par la fourberie des Occidentaux, la conquête

---

comme esclaves a souvent été racontée par feu Joseph Ndiaye, ancien conservateur de la Maison des esclaves de Gorée au Sénégal, dont les récits ont fait pleurer plusieurs personnalités de renom de passage sur l'île.

[11] Ducros, Jérémy. « Les traites négrières en débat. » *Regards croisés sur l'économie* 2 (2010) : 81-83.

[12] Mazauric, Claude. « Esclavage, résistances et abolitions. » *Annales historiques de la Révolution française*. No. 325. Armand Colin, Société des études robespierristes, 2001.

[13] Amin, Samir. « Échanges transsahariens et traites négrières arabes et atlantiques. » *Diogène* 179 (1997) : 28 et Trabelsi, Salah. Réseaux et circuits de la traite des esclaves au temps de la suprématie des empires d'Orient : Méditerranée, Afrique noire et Maghreb, VIIIe-XIe siècles, in [*Esclavages en Méditerranée : espaces et dynamiques économiques*. — (Collection de la Casa de Velázquez, 1132-7340 ; v. 133)] [Madrid : Casa de Velázquez, 2012.] p.47-62.

aurait pris plus de temps et aurait été plus difficile. Les personnes capturées étaient troquées contre des objets sans valeurs et particulièrement des fusils et de l'alcool. La traite négrière aura duré le temps d'enrichir l'Europe et l'Amérique. Elle aura permis le développement du commerce triangulaire (Europe-Afrique-Amérique-Europe), avec l'achat et la vente des Noirs déportés vers les plantations de canne à sucre. Le commerce des esclaves a permis à l'Europe et à l'Amérique de construire les bases de leur développement. Les États esclavagistes ont ainsi pu développer leurs économies, renforcer les bases de leur développement industriel, notamment la marine et la production d'armes, de parures et d'alcool, tout en se préparant à la révolution industrielle.

L'organisation de la traite négrière fut d'une grande complexité. Pour Olivier Pétré-Grenouilleau[14], deux raisons peuvent expliquer cette situation. La première raison est que cet infâme trafic que fut le commerce d'hommes noirs s'est étalé sur une vaste étendue d'espace qui couvrait l'Afrique et la Méditerranée orientale, puis l'Afrique et les Amériques. La diversité des types d'économie de ces lieux d'accueil d'esclaves conduisait à confier divers rôles à ces infortunés, pris dans le système social de production. La seconde raison est que dans le temps, la traite négrière couvre quatorze siècles et il est de ce point de vue difficile de la saisir dans sa totalité, ou d'en faire un objet d'étude historique unique et susceptible d'être saisi d'une seule traite. Du coup, la traite négrière ne saurait être qu'un objet à aborder à partir d'une époque précise, ou à analyser en ne considérant que l'une ou l'autre de ses spécificités géographiques. D'où les limites d'une lecture de ce commerce à partir de l'Europe[15] ou de l'Afrique [16]exclusivement. Les études

---

[14] Pétré-Grenouilleau, Olivier. *Les traites négrières*. Gallimard, 2006.

[15] Voir Pétré-Grenouilleau, Olivier. « Les traites négrières, ou les limites d'une lecture européocentrique. » *Revue d'histoire moderne contemporaine* 5 (2005) : 30-45.

[16] Renault, François, et Serge Daget. *Les traites négrières en Afrique*. Vol. 16. Karthala Editions, 1985.

de la traite négrière sont ainsi bornées par le temps et l'espace : ce qui conduit l'analyse historique à se construire autour du bassin euro-méditerranéen[17] et des routes atlantiques[18] qui furent parmi les épicentres les plus dynamiques de ce commerce hideux.

En dépit de ces contraintes, on peut noter deux constantes du commerce des esclaves noirs. La première fut le développement du capitalisme, en l'occurrence arabe, américain et occidental par l'apport d'une main-d'œuvre gratuite. Dans le cas de la France de l'ère des négriers, des villes entières comme Bordeaux et Nantes ont assis toute leur économie sur le commerce des esclaves[19]. Au sein de l'Europe, la traite fut ficelée et entretenue par les États soutenus par l'Église[20]. La traite négrière aida l'Europe à développer son économie. Des primes et des mesures incitatives furent accordées aux armateurs, aux opérateurs économiques et aux explorateurs. Toutes les couches sociales européennes, y compris la bourgeoisie, apportèrent leur soutien à la promotion et au développement de la traite négrière. D'ailleurs, la marque de la fleur de Lys que portait l'esclave noir dans les colonies françaises des Antilles était le signe de la royauté française. On

---

[17] Voir Armenteros Martínez, Ivan, and Mohamed Ouerfelli. "Réévaluer l'économie de l'esclavage en Méditerranée au Moyen Âge et au début de l'époque moderne. Une introduction." *Rives méditerranéennes* 53 (2016) : 7-17 ; Ouerfelli, Mohamed. *L'économie de l'esclavage en Méditerranée médiévale et moderne*. Éd. Ivan Armenteros Martínez. Presses universitaires de Provence, 2016 et Stella, Alessandro. « Histoires d'esclaves dans la péninsule ibérique. » *Recherches d'histoire et de sciences sociales* (2000).

[18] Curtin, Ph. D., The Atlantic Slave Trade. À Census, Madison, 1969 et Rediker, Marcus. *À bord du négrier : une histoire atlantique de la traite*. Seuil, 2013.

[19] Saugera, Éric. *Bordeaux, port négrier : chronologie, économie, idéologie, XVIIe-XIXe siècles*. Karthala Editions, 1995 et Martin, Gaston. *L'ère des négriers (1714-1774) : Nantes au XVIIIe siècle*. Karthala Editions, 1993.

[20] Quenum, Alphonse. *Les Églises chrétiennes et la traite atlantique du XVe au XIXe siècle*. Karthala Editions, 2008.

l'utilisait pour marquer au fer l'esclave, comme on en fit pour les animaux. Selon l'anthropologue Tidiane Ndiaye,

> « *Une équipe de chercheurs occidentaux admet le chiffre moyen de 60 à 80 millions d'Africains probablement morts de conséquences directes ou indirectes de la traite atlantique, pour près de 20 millions de déportés arrivés à bon port... la traite négrière a été une entreprise gigantesque qui aurait pu conduire à la disparition totale des peuples noirs sur le continent africain...* »[21].

La traite fut abolie au XIXe siècle. La France fut le dernier pays à abolir la traite en 1848. L'histoire nous enseigne que la révolte des esclaves d'août 1791 menée par Toussaint Louverture aboutit à l'abolition de l'esclavage à Saint-Domingue. Selon Victor Schœlcher[22], en 1789, cette colonie française formait le tiers de cette île aux deux tiers espagnols. Elle se faisait appeler la *« reine des Antilles »*, et était *« devenu le grand marché du Nouveau Monde »*. Surtout, Saint-Domingue *« était peuplée d'environ trente mille blancs, à peu près du même nombre de nègres et mulâtres libres, et de sept cent mille esclaves parmi lesquels on comptait douze à quinze mille mulâtres »*[23]. La démographie était donc largement favorable aux esclaves et la haine suffisamment forte entre les petits blancs, les nègres et les sangs mêlés, les esclavagistes et les abolitionnistes pour que cela ne dégénère en guerre civile. Le 22 août 1791, la révolte des esclaves éclata[24]. Toussaint Louverture, un leader noir, transforma cet avantage du nombre en force insurrectionnelle :

---

[21]Tidiane Ndiaye, « Traite arabo-musulmane : le génocide voilé », entretien à *New Africa*, décembre 2011, disponible sur https://www.prechi-precha.fr/conseils/le-genocide-voile/

[22] Schœlcher, Victor. *Vie de Toussaint Louverture*. Vol. 4. Karthala Editions, 1982.

[23] *Ibid.*, p.1.

[24] Hurbon, Laënnec, éd. *L'insurrection des esclaves de Saint-Domingue, 22-23 août 1791 : actes de la table ronde internationale de Port-au-Prince, 8 au 10 décembre 1997*. Karthala Editions, 2000.

> « *Promu général de l'armée française de par son ralliement à une République abolitionniste, il bat les Anglais qui avaient tenté de s'emparer de l'île. Puis, il organise le pouvoir noir et devint vers 1800-1801 le véritable maître du pays* »[25].

L'indépendance de fait est établie à Haïti, qui devint ainsi la première république libre des Noirs[26]. Cela se fit d'autant plus que l'expédition du général Leclerc lancé par Bonaparte a lamentablement échoué à reprendre l'île. Cependant, pour laver l'affront, Toussaint Louverture est arrêté et déporté en France, où il mourra en 1803 dans le Jura. La traite fut rétablie par Napoléon Bonaparte, qui aurait réagi sous la pression des planteurs de l'île qui entendaient ainsi préserver leurs plantations. Son épouse mulâtre fut au nombre de ceux qui lui mettaient la pression pour un rétablissement de l'esclavage.

1.3 L'emprise coloniale

Dès la fin de la traite négrière, une nouvelle ère s'ouvrit. Les puissances occidentales, qui venaient de procéder à l'abolition de l'esclavage, n'entendirent pas s'arrêter en si bon chemin après avoir découvert tout le trésor que renfermait le sol et le sous-sol africain. Ils ouvrirent une nouvelle brèche avec la Conférence de Berlin, qui s'est tenue dans la ville éponyme du 15 novembre 1884 au 26 février 1885[27].

Cette Conférence symbolisait le nouveau partenariat mondial pour la délimitation des frontières et le partage de l'Afrique. La Conférence avait réuni 14 pays. L'Acte qui fut signé à cette Conférence fixait les règles de la colonisation. En 1885, Joseph Jooris, alors ministre résidant de Sa Majesté Le Roi des Belges

---

[25] *Ibid.*, résumé.

[26] Sur ce point, voir Desormeaux, Daniel, Déborah Jenson, and Molly Krueger Enz. « The first of the (Black) memorialists: Toussaint Louverture. » *Yale French Studies* (2005): 131-145 et Dorsinville, Roger. *Toussaint Louverture : Ou la vocation de la liberté*. FeniXX, 1965.

[27] Alcandre, Jean-Jacques. « La Conférence de Berlin 15 novembre 1884-26 février 1885. » *Allemagne d'aujourd'hui* 3 (2016) : 90-97.

et membre de la commission des examens diplomatiques, présenta un bilan élogieux de cette session « laborieuse » de trois mois. Il écrit que cette Conférence *« fera époque dans l'histoire diplomatique du siècle, par une extension importante du droit international »*[28]. Selon lui,

> *« La Conférence de Berlin n'a pas pu combler toutes les lacunes du registre colonial, son programme écartait la discussion des droits acquis ; mais elle a provoqué le règlement de litiges parfois séculaires entre voisins par des contrats de délimitation ou d'échanges, et elle écarte le danger de contestations futures, en fixant les règles des occupations nouvelles »*[29].

Dans les faits, ce qui était ainsi présenté aux Européens par leurs différents gouvernements comme une rencontre diplomatique qui « ajoute une page brillante au code international », était une entente à la fois violente et honteuse sur le dos des peuples colonisés. L'Afrique fut ainsi divisée en zones d'influence réparties entre les puissances occidentales[30]. À l'exception de l'Éthiopie et du Liberia, tout le territoire africain était sous l'emprise des puissances occidentales, avec une large part de contrôle des Français, des Anglais, suivis par les Portugais, les Belges et les Espagnols. C'était le début de la période coloniale. À la barbarie de la traite négrière succéda la barbarie économique.

> *« Les colonies sont, pour les pays riches, un placement de capitaux des plus avantageux... la politique coloniale est fille de la politique industrielle. L'Europe peut être considérée comme une maison de commerce qui voit décroître son chiffre d'affaires, car la consommation européenne*

---

[28] Jooris, Joseph. *L'acte général de la Conférence de Berlin.* Muquardt, 1885, p.3.

[29] *Ibid.*, p.4.

[30] Pour le cas de la France, voir Manceron, Gilles. *Marianne et les colonies : une introduction à l'histoire coloniale de la France.* La découverte, 2020 et Girardet, Raoul. *L'idée coloniale en France : de 1871 à 1962.* FeniXX, 1972.

est saturée » avait déclaré Jules Ferry dans son discours au Conseil des ministres français en1885 »[31].

En 1948, on comptait sur les doigts de la main les États indépendants en Afrique. Il s'agissait de l'Égypte (1922), de l'Éthiopie, du Liberia et de l'Afrique du Sud. La traite fit place à la colonisation qui vint enfoncer un continent déjà exsangue. Les pays dits nantis ont tous tiré profit directement ou indirectement de la traite négrière et de la colonisation : développement industriel et agricole, peuplement des zones désertiques, construction de grands monuments.

La colonisation fit à son tour des millions de morts sur les grands chantiers des métropoles, avec une exploitation sauvage des matières premières et des ressources du sous-sol de l'Afrique[32]. Elle fabriqua des aliénés culturels, qui renièrent leur propre culture au profit de celle des colonisateurs. Les résistances conduites par d'intrépides guerriers anticoloniaux furent anéanties et les royaumes décimés, les terres annexées. Ce fut un pillage organisé des ressources de l'Afrique. Après le commerce des Noirs, nous étions ainsi vaincus pour la deuxième fois par l'Occident. N'est-ce pas fort de ce constat amer que Cheikh Amidou Kane[33] justifiait le choix de son héros d'aller étudier en France comme une opportunité de se former chez « eux, apprendre l'art de vaincre sans avoir raison » ?

Pendant ce temps-là, l'Europe engageait de grands chantiers pour son développement. Les grandes pensées philosophiques, qui marquèrent pourtant son évolution, restèrent sans effet face à la destruction de l'Afrique. Pire encore, elle contribua à la délimitation du continent en deux zones : l'Afrique du Nord et l'Afrique au sud du Sahara. Les économistes des institutions de Bretton Woods utilisent encore cette terminologie sans la lier à

---

[31] Source : New African n° 23, décembre 2011, disponible sur disponible sur https://www.prechi-precha.fr

[32] Blanchard, Emmanuel. « Ordre colonial. » *Genèses* 1 (2012) : 2-7.

[33] Kane, Cheikh Hamidou, *L'Aventure ambiguë*, Julliard., 1961.

son origine philosophique et raciale. Cette rupture géostratégique, du reste hégélienne[34], traduit la difficulté qu'avaient les Occidentaux à traverser les portes du Sahara à partir de l'Afrique du Nord. Les rudes conditions de vie de la zone et les traversées presque toujours mortelles pour les explorateurs firent de l'Afrique au-delà du Sahara un mythe. De nombreuses missions d'exploration échouèrent dans le sud de la Libye ou de la Tunisie, c'est-à-dire à la limite du désert du Sahara. La Tunisie resta longtemps le grenier de l'Empire romain. Carthage est longtemps resté la capitale stratégique de Rome.

En somme, c'est après l'abolition de la traite négrière que fut entreprise l'aventure coloniale européenne en Afrique. Comptoirs commerciaux, troc, commerce triangulaire, traite négrière, colonisation, lutte anticoloniale et néocolonialisme ont en commun de fonctionner sur le régime de l'exploitation sans scrupules du continent africain, ainsi spolié de ses ressources humaines et naturelles. Depuis, que de chemin parcouru dans les relations entre l'Afrique et l'Occident ! Les pays occidentaux tirèrent directement ou indirectement profit de la colonisation : développement industriel et agricole, peuplement des zones désertiques, construction de grands chantiers.

1.4 Problèmes structurels de l'Afrique postcoloniale

À peine sortie de la traite et de la colonisation, l'Afrique a commencé à ployer sous un système inique d'exploitation économique et a continué de sombrer dans « la grande nuit »[35]. Dès lors que l'Afrique était déjà connue des explorateurs, ses ressources attiraient les aventuriers les plus véreux, qu'ils fussent

[34] Hegel pense que l'Afrique a été contournée par le vent de l'histoire, qui souffle d'Orient en Occident. La race noire est ainsi écartée de la progression spatiale et temporelle de la civilisation humaine. Sur ces thèses racistes, voir Hegel, Georg Wilhelm Friedrich. *La phénoménologie de l'esprit : 1807*. Éditions L'Harmattan, 2017 et du même auteur, *Leçons sur la philosophie de l'histoire*. Vrin, 1979.

[35] Mbembe, Achille. *Sortir de la grande nuit : Essai sur l'Afrique décolonisée*. La Découverte, 2013.

hommes d'affaires, politiciens ou mercenaires. Tous se jetèrent à l'assaut du sous-sol africain, qui regorge de trésors immenses : diamant, or, cuivre, manganèse, cobalt, bauxite, pétrole, gaz, phosphate, uranium, fer, zinc, etc. La faune et la flore y sont aussi très riches.

À cela s'ajoute le fait que les configurations climatiques du continent sont favorables au développement d'une agriculture qui, si les conditions techniques sont réunies, pourrait assurer la sécurité alimentaire des populations africaines. L'Afrique produit une gamme variée de produits agricoles grâce à sa diversité climatique. Le continent est aussi bien placé pour contribuer valablement à la production minière et agricole mondiale.

Pourtant, l'Afrique est encore à la traîne du développement, malgré ses potentialités. Par exemple, quelques pays africains producteurs de pétrole (Nigeria, Angola, Libye, Algérie, Égypte et la Mauritanie[36]) représentent 8 % de la production mondiale totale. Mais l'impact de cette manne pétrolière sur le développement dans ces pays est resté extrêmement limité. Le Nigeria et l'Angola, les deux plus gros producteurs de pétrole en Afrique subsaharienne, figuraient toujours parmi les vingt derniers pays dans le classement 2005 des Nations unies sur le développement humain portant sur 177 pays.

Aujourd'hui, l'Afrique est exsangue et malade. Beaucoup d'Africains sont devenus des instruments aux mains des superpuissances. Ils donnent du continent les seules images que les médias occidentaux retiennent, à savoir des images de guerre, de désolation, de stupeur et de misère. Les pays développés refusent d'ouvrir leurs frontières pour un commerce équitable et la circulation des personnes et des biens. Le commerce mondial est marqué par des déséquilibres tels que la détérioration des termes de l'échange et les subventions agricoles que les pays riches fournissent à leurs agriculteurs. Les pays riches tiennent à

---

36 La Mauritanie a exporté ses premiers barils au cours du deuxième trimestre 2006

préserver leurs intérêts commerciaux à tout prix. Telle est la règle du jeu auquel l'Afrique est implacablement soumise, malgré ses richesses qui ne lui donnent pas d'autorité face au diktat des États les plus forts. Ces derniers décident du sort du monde dans les instances internationales. Ils fixent les prix des principaux produits d'exportation du continent, loin des paysans.

En outre, l'Occident attire plus de 25 % des Africains formés dans les technologies de pointe, entraînant ainsi la fuite des cerveaux du continent. Dans sa réalité, ce phénomène est ancien et remonte au moins aux années 1950 avec la migration massive des ingénieurs britanniques aux États-Unis[37]. Dans tous les cas de figure, on note aujourd'hui que, de manière générale,

> *« La migration est favorisée par la politique de séduction que mènent les pays développés vis-à-vis de ceux qu'ils ont formés (bien souvent aux frais de leurs pays d'origine). Avec évidence, il existe une corrélation étroite entre le lieu de formation et les flux migratoires des intellectuels »*[38].

La circulation de la matière grise formée, ou plus précisément l'intégration des cerveaux formés à l'économie des pays formateurs est une donnée normale de l'économie contemporaine. Ce qui plombe l'Afrique, c'est l'absence des structures de formation locale et surtout de marché intérieur pour absorber les cerveaux ainsi formés. Mais cette situation pose tout de même un problème d'éthique et de justice économique : comment peut-on promouvoir un monde plus juste dans un contexte de globalisation ? L'Occident, à force de consommer des images violentes et déformées de l'Afrique, a fini par se convaincre que la seule vérité qui vaille pour l'Afrique est que le

---

[37] Carrington, W. J. et Detragiache, E. (1999) « Quelle est l'ampleur de l'exode des cerveaux ? » *Finances & Développement.* (Juin), 46-49.

[38] Kaboret, Yalacé Y. « Éviter la fuite des cerveaux en Afrique subsaharienne : rôle des institutions sous-régionales de formation et de recherche. » *Communication présentée à la Conférence régionale sur l'exode des compétences et développement des capacités en Afrique, Addis-Abeba.* 2000, disponible sur https://motspluriels.arts.uwa.edu.au/MP2002yyk.html.

continent demeure dans le tourment de l'extrême pauvreté et de la désolation. L'exil constitue la dernière chance à saisir pour ceux qui veulent changer leur vie.

Aujourd'hui, les experts ont, certes, des compétences techniques plus affirmées que les anciens, grâce aux progrès techniques et technologiques. Cependant, il leur manque l'engagement et l'abnégation au travail. Ils préfèrent en majorité « se servir » plutôt que de « servir ». La pensée et la réflexion sur les questions de développement n'ont jamais été aussi enrichies que durant la période de lutte pour les indépendances. Les intellectuels émancipateurs s'y sont engagés. La fuite des cerveaux ne marque pas que la faiblesse des élites politiques. Aujourd'hui, elle montre aussi que les intellectuels de la trempe de Cheikh Anta Diop, dont les recherches et la notoriété scientifiques ont levé le doute sur l'origine nègre de la lignée des pharaons d'Égypte, sont rares.

1.5 Les pères fondateurs : ambitions trahies ?

Quelles que fussent leurs divergences idéologiques ou politiques, les dirigeants africains de la période des indépendances furent tous des politiciens engagés. Ils furent tous guidés par la volonté de libérer le continent du joug colonial, de s'affirmer et d'améliorer les conditions de vie des populations. Des dirigeants de la trempe de Kwame Nkrumah du Ghana, Ahmed Sékou Touré de la Guinée, Habib Bourguiba de la Tunisie, Léopold Sédar Senghor du Sénégal, Félix Houphouët-Boigny de Côte d'Ivoire, Julius Nyerere de Tanzanie, Amani Diori du Niger, Modibo Keita du Mali, Jomo Kenyatta du Kenya, Gamal Abdel Nasser d'Égypte, Amadou Ahidjo du Cameroun, Kenneth D. Kaunda de la Zambie pour ne citer que ceux-là, étaient à la tête des États d'une Afrique qui se cherchait. Avec Robert Mugabe qui voulut restituer leur dignité aux Noirs face aux Blancs de Rhodésie, et Nelson Mandela qui s'est battu pour celle des Négro-Africains pris dans l'étau de l'apartheid en Afrique du Sud, ces chefs d'État constituent un cercle fermé de leaders dont l'Afrique peut être fière. Ces combattants de la liberté et remparts des indépendances africaines eurent la sagesse de se laisser convaincre de la nécessité de créer une institution africaine de financement du développement, pour accompagner et soutenir leur combat politique.

Un autre point significatif de l'avancée des hommes politiques et intellectuels des indépendances fut la considération qu'ils accordèrent aux problèmes de genre. Par exemple, la Guinée fut le premier pays africain à octroyer des droits fonciers aux femmes dès les années 1960. Ce fut une grande révolution sociale et culturelle. Le combat politique et économique de l'Afrique fut soutenu par la volonté d'affirmation d'une identité culturelle africaine.

Au début des années soixante, l'économie africaine fut marquée par la transition d'une économie coloniale dominée par les cultures d'exportation et l'exploitation minière à celle d'une prise en charge par les colonies de leur propre destin. Les pays africains eurent comme souci majeur de développer des infrastructures de base dans les secteurs de l'éducation, de la santé et de l'administration, afin de bien assurer le fonctionnement des jeunes États. Cela posa d'énormes problèmes aux jeunes leaders, car ils se rendirent vite compte que l'indépendance économique restait à conquérir. L'étape franchie n'était que celle de l'indépendance politique, qu'il fallait consolider d'abord, avant de songer à la gestion économique et politique des jeunes États.

Les colons, au lieu de plier bagage, prirent plutôt le contrôle de la gestion économique et politique des nouvelles entités territoriales. Ils occupèrent même des postes stratégiques dans les nouveaux gouvernements. Les infrastructures économiques installées sous la colonisation fonctionnèrent en gardant les mêmes structures de capitaux. Seuls quelques pays d'obédience socialiste, dont la Guinée (indépendante en 1958), la Tanzanie et le Dahomey, optèrent pour la nationalisation des industries, bien que les colons veillèrent à former une élite locale pour la relève.

La rupture politique fut inévitable, avec ses répercussions diverses sur l'économie.

Pour mobiliser des ressources financières, les États africains développèrent l'agriculture en produisant beaucoup et mieux. Mais, face à la détérioration des termes de l'échange, les dirigeants africains déchantèrent très vite et se rendirent compte que la seule indépendance politique ne leur suffisait pas. Il leur fallait donc conquérir une indépendance économique et financière. Les pays africains eurent vite recours à la dette pour financer leurs projets et équilibrer leurs balances de paiements déficitaires dans la plupart des cas. Cette accumulation conduisit au surendettement de l'Afrique. La pauvreté dont souffre aujourd'hui l'Afrique est, en partie, l'héritage des gouvernements des indépendances caractérisés par la gabegie et la corruption, d'autant que les mécanismes de contrôle de gestion n'étaient pas performants comme c'est le cas aujourd'hui avec l'informatique. Ces comportements furent accentués par les chocs extérieurs, la dépendance à l'égard des produits de base, les programmes de réformes mal conçues et l'attitude des créanciers ayant conduit au surendettement de l'Afrique.

Depuis quelques années, l'Afrique est à un tournant décisif de son évolution, avec ses ressources naturelles, ses ressources humaines de qualité que les récents progrès techniques et technologiques exposent à la compétition mondiale, avec les mêmes chances de succès que leurs homologues de l'Occident. Le retard de l'Afrique est maintenant une opportunité, car elle engage la bataille du développement avec les innovations technologiques et au même niveau que les pays émergents. En misant sur le dividende démographique, les ressources minières et énergétiques, la recherche et le développement technologique, l'Afrique pourrait transformer ses faiblesses en opportunités. Toutefois, disposer d'atouts ne saurait suffire ; faudrait-il encore que les Africains qui disposent des mêmes atouts que les autres experts du monde fassent preuve de sérieux et d'abnégation au travail. La bonne gestion doit être de rigueur, d'où la nécessité de préserver le fonctionnement de l'État, qui doit être stable face à celui des gouvernements souvent très volatiles.

Les réflexions et les initiatives liées aux questions de développement en Afrique n'ont jamais été aussi enrichies que durant la période de lutte pour les indépendances, car tous les intellectuels africains de la période coloniale s'y étaient engagés. Cependant, de génération en génération, les nombreuses transitions n'ont pas abouti à faire décoller le continent. Cet échec est dû à de nombreux facteurs aussi bien endogènes qu'exogènes. Le principal frein au décollage du continent est moins l'inaptitude technique des Africains que la servitude économique bien planifiée dans laquelle le continent est savamment maintenu par les puissances économiques et politiques des métropoles.

Aujourd'hui, l'Afrique est malade de ses propres fils, pris dans la tourmente du gain facile, de la cupidité, de la concussion et de l'égoïsme. S'y ajoute le complexe assimilationniste d'une certaine catégorie d'Africains, dont une bonne partie de l'élite politique et intellectuelle. C'est ainsi que de nombreux Africains ont été instrumentalisés par les politiques occidentales afin de servir de relais à l'exploitation éhontée de l'Afrique. Ces hommes de main ont plongé le continent dans le chaos économique et politique, en acceptant de devenir des instruments aux mains des superpuissances. De nombreux médias occidentaux ont été entraînés dans le jeu de la désinformation et de la déformation de l'image du continent africain, représenté comme « le hors-monde », lieu par excellence de la désolation et de la misère[39]. Ces médias occidentaux ne retiennent de l'Afrique que les images ou les récits d'horreur, de guerres, de crises socio politiques, de famine, de coups d'État, de désolation et de misère. En présentant l'Afrique sous le prisme déformant des images de désolation et de misère, certains médias occidentaux ne se rendent pas compte qu'ils contribuent à promouvoir l'immigration dite clandestine. Des Africains fuient leur propre continent en voyant la description de l'horreur à travers les médias occidentaux.

---

[39] Mbembé, J-Achille. *De la postcolonie : essai sur l'imagination politique dans l'Afrique contemporaine*. Karthala Editions, 2000.

Par ces temps de mondialisation, beaucoup de jeunes Africains ne rêvent que de partir en Occident et en Amérique où ils espèrent trouver un monde meilleur. La presse européenne renvoie aux Africains des clichés d'une Afrique de pauvreté. De tels clichés sont si fréquemment diffusés dans la presse occidentale que la plupart des jeunes Africains ne nourrissent que le désir de partir. Partir à tout prix vers un ailleurs plus prometteur, et souvent au péril de leur vie, est l'obstination de beaucoup de jeunes Africains pris dans la situation postcoloniale, et assujettis à ce que le philosophe et sociologue camerounais Ange Bergson Lendja analyse dans un ouvrage sur le sujet sous le concept de la « castration symbolique »[40]. Il souligne la persistance quasi pathologique, dans l'imaginaire postcolonial africain, de cette croyance en une Europe dominatrice qu'on leur présenta comme un pays de cocagne au moment de la rencontre coloniale. Depuis, l'imaginaire de la réussite au terme d'une aventure ailleurs s'est élargi : qu'importe la destination, pourvu qu'elle soit en dehors de l'Afrique. Les jeunes bravent le ciel et la mer pour sortir du continent et aller se faire exploiter ailleurs. Achille Mbembé[41] a mis le doigt sur le sujet, indiquant que si de tels voyages périlleux traduisent l'esclavage moderne et la raison nègre dans le capitalisme contemporain, la différence d'avec la Traite négrière est que les nouveaux esclaves paient des passeurs pour aller se faire exploiter ailleurs que sur le continent, alors que ceux d'avant étaient vendus comme du bétail. Les jeunes et les femmes d'Afrique continuent à payer de leur vie pour aller à l'étranger. Le chemin de l'exil est devenu une aventure humaine qui enrichit une horde de truands et des États voyous s'amusant à torpiller les embarcations. Ces entreprises de la délinquance d'État ont fait périr des millions de jeunes africains. Ces crimes odieux sont restés impunis : la communauté internationale ou la justice n'ont jamais interpellé personne. Par ailleurs, l'Union

[40] Lendja Ngnemzué, Ange Bergson. *Politique et émigration irrégulière en Afrique. Enjeux d'une débrouille par temps de crise*. Karthala Editions, 2010, notamment chapitre 8.

[41] Voir Achille Mbembe, *Sortir de la grande nuit, op.cit, et, du même auteur, Critique de la raison nègre.* La découverte, 2013.

africaine, le bras armé politique du continent, est restée étrangement muette.

Le massacre des jeunes Africains est de la même ampleur que celui perpétré durant la traite négrière. Pour ces nouveaux négriers, vendeurs de rêve, le départ vers un monde dit meilleur est présenté comme une sorte de viatique, une chance à saisir par les jeunes Africains pour fuir la misère et changer de vie. Au même moment, les pays européens frappés par des crises de large amplitude telles que les deux guerres mondiales, les crises financières successives, et aujourd'hui la COVID 19, cherchent à se replier sur eux-mêmes, en refusant d'ouvrir leurs frontières.

Avec 30 millions de kilomètres carrés et une population de plus d'un milliard d'habitants, l'Afrique dispose d'un fort potentiel de développement en ressources humaines et naturelles. Le continent détient le tiers des réserves minérales du globe qui sont constituées de minerais divers : diamant, or, zircon, cuivre, titane, plomb, phosphate, nickel, fer, zinc, étain, platine, cobalt, bauxite, manganèse, charbon et chrome. Il regorge aussi du 10e des réserves mondiales de pétrole et de gaz naturel et du tiers des ressources en eau de la planète, ainsi que des terres fertiles. Avec toutes les richesses dont elle dispose, l'Afrique ne parvient pas encore à nourrir convenablement sa population ni à offrir des emplois décents à sa jeunesse. Elle est encore incapable d'assurer la sécurité alimentaire à ses habitants, malgré l'énorme potentialité de ses ressources en eau et de la disponibilité des terres arables et de bras valides. Si le savoir-faire ne manque pas, l'Afrique qui ne consomme que 3 % de l'énergie mondiale devrait se tourner vers le développement industriel et la motorisation de son exploitation agricole pour accroître sa production.

L'Afrique souffre d'un énorme déficit énergétique pour relancer sa croissance. L'industrialisation des pays africains bute entre autres facteurs sur des coûts élevés de production et sur le déficit énergétique ; le prix assez élevé de l'énergie accroît les coûts des facteurs de production des petites et moyennes entreprises et industries (PME/PMI), considérées comme des moteurs de croissance pour le développement économique et social de l'Afrique. Peu d'Africains s'aventurent dans la mise en place d'industries. Or, un pays ne peut se développer sans industries de transformation, ne serait-ce que pour réussir à transformer les produits de base en produits semi-finis. Aujourd'hui, le continent a besoin de créer de la richesse et des emplois pour une jeunesse formée et des femmes actives au travail. L'Europe a retenu plus de 25 % des Africains formés dans les technologies de pointe.

Et voilà qu'à peine l'Afrique a-t-elle commencé à panser ses blessures qu'un autre mal la ronge. Il s'agit de l'exploitation économique par le biais d'un commerce international marqué par la détérioration des termes de l'échange et les subventions offertes aux producteurs du Nord. Les pays riches tiennent à préserver leurs intérêts commerciaux à tout prix. Telle est la règle du jeu à laquelle l'Afrique est implacablement soumise depuis des siècles. Le continent regorge pourtant d'énormes potentialités dans son sol, mais il doit se soumettre au diktat des états forts qui décident de son devenir dans les instances internationales. Les prix des principaux produits d'exportation du continent sont fixés, loin des paysans et des responsables des pays africains, dans les salons de Londres, New York, Bruxelles, Amsterdam, Paris, Frankfurt. Ces salons sont animés par des intermédiaires véreux et des flibustiers de tous acabits qui ne pensent qu'à leur intérêt personnel.

Aujourd'hui, malgré la globalisation, les pays industrialisés continuent à subventionner leur agriculture et élevage au grand malheur des paysans et fermiers africains. Les gouvernements africains sont impuissants devant l'ampleur des dégâts causés par cette nouvelle forme d'agression pire que celle des canons utilisés pendant les guerres coloniales. Il s'en suit alors des crises sociales incontrôlées débouchant sur des guerres civiles et l'instabilité politique et sociale. Malgré la globalisation des marchés et la réglementation des échanges internationaux, l'Afrique souffre de la détérioration des termes de l'échange et du diktat des pays nantis.

De soi-disant spécialistes, qui ne connaissent pas bien les causes des crises en Afrique, décrivent le continent sous des prismes déformés. Ces spécialistes vulgarisent l'idée d'une Afrique antidémocratique, de gabegie, et malade de sa gouvernance. Et parmi ceux-là, figurent des Africains formés dans les « bonnes » écoles occidentales dans lesquelles les modules académiques sont fondés sur des études de cas inspirées des sociétés occidentales ou américaines. L'Afrique n'y apparaît que dans quelques rares études de cas économiques portant le plus souvent sur des expériences d'échec.

Dans un autre registre, comment peut-on ainsi promouvoir un monde plus juste dans un contexte de globalisation où l'Europe, tout comme l'Amérique du Nord, accorde des subventions à leurs agriculteurs et refuse que l'Afrique en fasse autant ? Le ridicule est poussé jusqu'à refuser à l'Afrique de disposer de stocks de sécurité alimentaire, au risque de réduire les exportations de céréales vers l'Union européenne. Le développement de l'agriculture au sens large, incluant la pêche et l'élevage, ne saurait prospérer sans le soutien des États. À l'exception de prêts concessionnels ou de bonification des taux d'intérêt pour les paysans qui souhaiteraient accéder aux crédits, les États devraient accorder directement des subventions aux agriculteurs, éleveurs et pêcheurs.

La révolution technologique a offert au monde un nouveau départ qui pouvait être profitable à l'Afrique. Le continent disposait de talents dans tous les secteurs, mais tout semblait être planifié pour maintenir l'Afrique dans la dépendance économique. Le modèle de développement occidental lui a été présenté comme la seule perspective de progrès économique et social. C'est ainsi que la copie souvent très pâle et imparfaite des modèles de développement occidentaux n'a pas donné les résultats escomptés en Afrique. S'y est ajoutée la trop grande dépendance à l'aide, qui a freiné l'ambition et anéantit la volonté d'aller de l'avant, par leurs propres moyens, de nombreux pays.

Chapitre 2
Genèse et création de la BAD

La genèse et la création de la BAD sont l'œuvre des rares États africains qui ont accédé à la souveraineté nationale avant la pluie des indépendances des années 1960. Les leaders de ces États voulaient ainsi donner un sens à la souveraineté de leurs nations, mettre en place un outil transversal de crédit et de financement stratégique du développement endogène et, enfin, promouvoir concrètement le panafricanisme en dépassant les frontières géographiques et linguistiques héritées de la colonisation. Ce chapitre montre que l'engagement de ces leaders à émanciper le continent d'une dépendance à l'extérieur était sans faille ; et, pour ce petit groupe d'États aux orientations idéologiques irréductibles, mais réunis derrière le leadership du Liberia (1), des difficultés de toutes sortes ont rendu la réalisation de leur objectif de créer une banque panafricaine de développement assez laborieuse. Les obstacles sont présentés et analysés, ainsi que les stratégies pour les surmonter et aboutir à la création de la BAD (2). Enfin, nous revenons sur les conditions de l'exfiltration délicate du premier Président de la BAD de Khartoum, la capitale politique de son pays où il était incarcéré (3).

2.1 Créer la BAD : une idée d'États africains indépendants

En 1959, deux États africains indépendants, à savoir le Ghana et la Guinée, décidèrent de tenir, conjointement avec le Liberia, une conférence à Sankoli au Liberia pour se pencher sur leurs perspectives de développement. Au cours de cette conférence de quatre jours, les États réunis décidèrent de soutenir l'accession à l'indépendance des autres pays africains. Ce fut le début du mouvement de la décolonisation politique de l'Afrique, conduite par des Africains. À l'époque, seuls neuf États étaient indépendants ou libres en Afrique : Liberia, Éthiopie, Ghana, Libye, Guinée, Égypte, Tunisie, Soudan et Maroc.

2.1.1 Le Liberia et la naissance d'une ambition continentale

Le Liberia fut créé en tant qu'État à la disposition d'Afro-Américains en 1847, comme une terre promise pour anciens esclaves[42]. Le mouvement fut soutenu par des intellectuels afro-américains sous le label « Retour à la terre mère »[43]. Le Liberia est situé en Afrique de l'Ouest, aux frontières de la Guinée, de la Sierra Leone et de la Côte d'Ivoire. Les Afro-Américains qui s'y installèrent étaient des descendants d'anciens esclaves. Cependant, l'histoire atteste que ces derniers, qui s'étaient nouvellement installés et de façon volontaire sur le sol africain, gardaient toujours des traits de la civilisation américaine et développaient même un impérialisme noir *(black imperialism)* sur les populations trouvées sur place[44]. Ils avaient le cœur en Afrique, la tête encore aux Amériques et la mainmise sur le pouvoir politique et économique[45]. Il leur arrivait d'appeler grossièrement « indigènes » les populations autochtones trouvées sur place. Ce fut, dès le début de leur installation, la rupture identitaire et sociospatiale entre ces populations allogènes et celles autochtones du Liberia, à cause du préjugé de couleur affiché par les nouveaux venus d'Amérique, dont la plupart étaient des mulâtres. Les populations allogènes d'« origine américaine » affichèrent vis-à-vis de leurs frères un sentiment de supériorité fortement expliqué par la matérialité de la civilisation américaine qu'ils durent abandonner pour retourner au bercail.

---

[42]Alili, Rochdy. « Reflux d'empires et terres promises. » *Hommes & Migrations* 1235.1 (2002) : 5-15.

[43] Paulais, Thierry. *Le Liberia : une singulière histoire*. Le Cavalier bleu éditions, 2018.

[44] M.B. Akpan, « Black Imperialism: Americano-Liberian Rule over the African Peoples of Liberia, 1841-1964 », La *Revue canadienne des Études africaines/The Canadian Journal of African Studies,* Volume VII, n°2, 1973, 217-236.

[45] Sur ces différents sujets et leurs rebondissements récents dans la vie sociopolitique libérienne, voir Patton Jr, Adell. « Civil rights in America's African diaspora: Firestone Rubber and segregation in Liberia. » *Canadian Journal of African Studies/Revue canadienne des études africaines* 49.2 (2015) : 319-338. Guerrout, Naima, Amina Berrahal, and Aziz Mostefaoui. *African-Americans' Rule in Liberia (1840-1900)*. Diss. University Ahmed DRAIA of Adrar, 2020.

Ces préjugés ont conduit à la mise en place d'un système ségrégationniste où les Afro-Américains s'octroyaient tous les privilèges[46].

Dans le même temps, l'histoire de la communauté noire américaine et le mouvement des droits civiques développèrent chez les « nouveaux-venus » une conscience politique aiguë, particulièrement par rapport aux problèmes auxquels l'Afrique faisait face à l'époque. Pour eux, descendants d'esclaves, la traite tout comme la colonisation étaient une chose abominable et difficile à admettre. Elles étaient pour eux d'autant plus inacceptables que l'Amérique n'avait pas de colonies. Le Liberia fut donc amené par ces concours de circonstances à jouer un rôle de leader dans la sensibilisation et le développement d'une nouvelle conscience de libération des peuples africains.

Deux ans après la conférence de Sankoli s'est tenue à Monrovia au Liberia en 1961, une autre grande conférence postcoloniale. L'idée de cette deuxième conférence fut lancée par Roméo Horton, ancien directeur de la Banque centrale du Liberia. La conférence regroupait des hommes d'affaires venus de tous les coins du monde. L'objectif était d'élaborer un programme destiné à mettre en place un instrument d'intégration régionale du genre d'un outil de financement du développement. Ce fut la germination de l'idée qui a abouti à la création de la Banque africaine de développement. Au début, cette idée exprimait une volonté de disposer d'une banque régionale de développement au service de l'Afrique. Dès lors, il fallait très vite traduire cette idée en projet et procéder à sa matérialisation.

---

[46] Pour une analyse anthropologique et politique de l'organisation sociale séparée, des régimes de privilèges des Afro-Américains du Liberia et des conflits sociaux et identitaires qui en découlèrent, voir J. Gus Liebenow, Liberia. *The Evolution of Privilege*, Ithaca, London, Corneil University Press, 1969.

L'étape qui était la plus difficile à franchir par les promoteurs d'un si ambitieux projet était de parvenir à une cohésion politique à l'échelle continentale. En effet, le contexte politique était marqué par des clivages idéologiques exacerbés par la géographie, l'histoire et les cultures. Il était donc nécessaire de jeter les bases d'une unité continentale avant de lancer l'idée de la création d'une institution africaine de financement du développement. Cette initiative, qui allait renforcer l'indépendance de l'Afrique et lui ouvrir des perspectives heureuses de promouvoir un développement harmonieux à grande échelle, posait de sérieux problèmes. Il fut très difficile de parvenir à fédérer les États et de bâtir un consensus autour du projet, à cause des pressions exercées par les anciens pouvoirs coloniaux.

Les barrières linguistiques constituèrent aussi un important défi à relever. Au cours de la conférence de Sankoli, les dirigeants africains devaient tenir une séance à *huis clos* ; il se posa alors le problème d'interprétation dans la mesure où les délégués ne parlaient pas la même langue et que plusieurs d'entre eux n'étaient pas bilingues. La réunion ne pouvait donc pas se tenir sans interprète. Or, les délégués qui souhaitaient débattre en toute discrétion ne voulaient pas d'interprètes non Africains. Pour eux, le sujet à débattre était sensible, car il portait sur le projet de créer une banque africaine de développement en vue de se libérer du joug des anciens colons et parachever le processus de l'indépendance des pays africains. Face au refus d'admettre à la réunion un interprète non africain, le Président Sylvanus Olympio du Togo, l'un des rares Chefs d'État africains bilingues de l'époque, accepta de servir d'interprète.

Plusieurs Chefs d'État étaient présents à cette rencontre : l'Empereur Hailé Sélassié d'Éthiopie, Sylvanus Olympio du Togo, Hubert Maïga du Dahomey (actuel Bénin), Léopold Sédar Senghor du Sénégal, Alhaji Abubakar Tafawa Balewa, Premier ministre du Nigeria, Sir Milton Margai de Sierra Leone, William Tubman du Liberia et Félix Houphouët-Boigny de Côte d'Ivoire.

La conférence de Monrovia eut le mérite de jeter les bases de la création de la future banque africaine de développement et en même temps de lancer l'idée de la création de l'Organisation de l'Unité Africaine et de la solidarité. Le Président du Libéria William Tubman fut chargé par ses pairs de diriger l'étude de faisabilité de la banque africaine de développement. L'euphorie céda vite la place aux affrontements nés des clivages idéologiques et politiques. À cette époque, l'Afrique était divisée en trois groupes politiques et idéologiques ; et la rivalité entre dirigeants constituait un obstacle à la cohésion de ses leaders. Les trois groupes politiques et idéologiques étaient connus sous les appellations de groupe de Brazzaville, groupe de Monrovia et groupe de Casablanca. Ces groupes, quoique d'obédiences idéologiques différentes, affichaient, tous, un engagement panafricaniste sans faille. Ils visaient tous l'objectif de libérer le continent du joug colonial. Le parachèvement des indépendances était inscrit en tête de leurs priorités. Ils avaient besoin d'une banque pour renforcer leur autonomie et accompagner les États indépendants à financer leur développement.

Le groupe de Brazzaville était constitué par le Maroc, le Sénégal, la Côte d'Ivoire, le Cameroun, la République centrafricaine, le Dahomey (actuel Bénin), le Gabon, la Haute-Volta (actuel Burkina Faso), Madagascar, la Mauritanie, le Niger, le Tchad et le Congo-Brazzaville. Ce groupe, d'obédience francophone, réussit à créer des institutions telles que l'Union africaine et malgache en décembre 1960 à Dakar et l'Organisation afro-malgache de coopération économique en février 1961 à Brazzaville.

Le groupe de Casablanca était un bloc constitué par le Ghana, la Guinée, l'Égypte, le Mali, le Maroc, l'Algérie, la Libye et le Soudan. Il s'est réuni en janvier 1961 à Casablanca pour accélérer la réalisation de l'Unité africaine. Les pays membres du groupe de Casablanca étaient dirigés par des hommes de « gauche ». Le groupe a plus ou moins coopéré avec le groupe de Monrovia pour créer l'Organisation de l'unité africaine.

Le groupe de Monrovia, souvent appelé « conférence des États indépendants », naquit de la volonté du Président Tubman et eut comme objectif de rapprocher les pays des différents groupes. Ce fut le groupe le plus fédérateur. Cependant, malgré les efforts déployés par le Président Tubman, le groupe de Casablanca refusa le rapprochement. Le groupe de Brazzaville l'accepta. L'Éthiopie, le Nigeria, la Sierra Leone, la Somalie, le Togo et la Tunisie se joignirent au groupe de Monrovia, renforçant ainsi la cohésion panafricaine.

2.1.2 Chocs idéologiques et dualités contradictoires

Le choc idéologique entre les groupes de Monrovia, de Brazzaville et de Casablanca retarda la mise en œuvre de la Vision des pères fondateurs de la BAD. Alors que les uns travaillaient pour le compte du groupe de Monrovia sous la direction du Président Tubman, les autres obéissaient aux injonctions des leaders du groupe de Casablanca.

Ces dualités et contradictions ont survécu le temps que l'ancien membre fondateur de la BAD, le Malien Sékou Traoré, qui peut être considéré comme un irréductible, continua à porter la contradiction à Romeo Horton au sujet de la création de la BAD.

La rivalité entre les groupes de Monrovia et de Casablanca était très vive. Le groupe de Casablanca qui était plus engagé politiquement afficha une virulence politique. Les pays les plus actifs dans ce groupe étaient le Maroc, le Mali, la Tunisie, le Soudan, l'Égypte et le Nigeria. Le Sénégal préféra afficher une certaine neutralité dans le duel idéologique qui opposait les groupes.

Dès le mois de décembre 1960, les dirigeants africains se rendirent vite compte que l'indépendance politique ne suffisait pas à leur garantir un développement économique et social durable. Les dirigeants africains comprirent très vite qu'il ne servait à rien d'obtenir l'indépendance politique et de continuer de dépendre économiquement de la métropole. En 1958, la rupture du Général Charles de Gaulle d'avec la Guinée leur en donna la certitude. Parce que Ahmed Sékou Touré avait dit « Non » à Charles de Gaulle, ce dernier coupa les vivres au pays, allant jusqu'à retirer les coopérants et les manuels scolaires français. Il ne restait plus rien de français sur le sol guinéen. Tel était le prix à payer par la Guinée pour avoir choisi son indépendance. Tous les assistants techniques furent retirés de la Guinée et les subventions qui étaient accordées au gouvernement guinéen furent suspendues. Le seul tort de Sékou Touré fut d'avoir osé « préférer la liberté dans la pauvreté à l'opulence dans l'esclavage ».[47]

Le financement du développement dans les pays africains se posait dès lors avec acuité. Selon Robert K. À Gardiner[48], Secrétaire exécutif de la Commission économique des Nations unies pour l'Afrique (CEA), une réunion de la commission économique pour l'Afrique qui s'était tenue à Addis-Abeba en février 1961 avait invité les Africains à se concentrer sur le développement de leur continent. Au cours de cette réunion, Gardiner rappelle que les délégués avaient adopté un projet de résolution visant à la création d'une banque africaine de développement.

Vu la nécessité de disposer de ressources pour des investissements publics et privés avec des crédits sur le long terme et à faibles taux d'intérêt, les dirigeants africains comprirent très vite qu'ils devaient accélérer le processus de la création de la banque africaine de financement du développement. C'est ainsi qu'ils demandèrent au Secrétaire exécutif de la Commission économique pour l'Afrique (CEA) de mener une étude de faisabilité approfondie en vue de procéder à la création d'une banque africaine de développement. Il était convenu de soumettre l'étude à la prochaine session du CEA.

---

[47] Ahmed Sékou Touré, Discours du 28 septembre 1958.

[48] Garnier (Robert K. A.) et Pickett (James) : La Banque africaine de 1964-1984, une expérience de coopération et de développement économiques. Traduit par Éliane Londe. — Abidjan, B.A.D., 1984. — 24 cm, XIV-212 p.

2.1.3 Accélérer le processus

À la suite de cette résolution, le gouvernement libérien dépêcha sur le terrain un banquier libérien du nom de Roméo Horton et un économiste libérien du nom de Clarence Parker pour mener les consultations avec les responsables des institutions internationales et régionales. Cette mission avait pour but de rédiger le projet de charte de la Banque africaine de développement. La mission se rendit aussitôt auprès de Eugène Black, alors Président de la Banque mondiale, de Felipe Herrera, alors Président de la Banque interaméricaine de développement, et de David Rockefeller, alors Président de Chase Manhattan Bank. Il était très approprié de commencer les consultations auprès des institutions de même rang que celle que les dirigeants africains ambitionnaient de créer.

Selon divers témoignages concordants, le Président de la Banque mondiale se demanda ce que l'Afrique allait faire d'une banque régionale de développement. Il ne semblait pas en voir l'utilité. Il pensait peut-être que le continent dont quelques États venaient à peine d'être indépendants et qui n'était pas encore sorti des griffes des anciennes métropoles ne pouvait pas se payer le luxe de créer une banque de développement.

Alors que les grandes places économiques et financières doutaient de la capacité des Africains de disposer de leur propre banque de développement à l'instar des banques régionales, une résolution spéciale fut adoptée lors de la célébration de l'anniversaire de la Banque centrale de Tunisie en 1961. Il s'ensuivit la décision de convoquer tous les chefs d'État africains à une réunion à Lagos pour approfondir les discussions.

À la réunion de Lagos en janvier 1962, au nom du Président Tubman, R. Horton présenta aux Chefs d'État, le projet de la charte de la future institution de financement du développement. Tubman obtint alors l'accord de principe de ses pairs qui recommandèrent que le document soit transmis à la Commission économique des Nations unies pour l'Afrique (CEA) pour des études complémentaires. L'intégration politique de l'Afrique enregistra des progrès importants avec la création de l'Organisation de l'Unité africaine (OUA) en mai 1963.

Le processus de création de la BAD s'accéléra. De nombreux experts contribuèrent à la préparation des documents du projet. Parmi eux : M. Arnold Weiss, ancien Conseiller général de la Banque interaméricaine de développement, qui contribua à la rédaction du premier projet de charte de la Banque ; Dr Abdel G. El Emery, consultant égyptien, spécialiste des questions bancaires ; M. Elkin, juriste anglais, le Pr Hans W. Singer, conseiller spécial du Sous-secrétaire aux affaires économiques et sociales des Nations Unies, Arthur Ewing, Directeur de la division de l'industrie, des transports et des ressources naturelles de la CEA et, enfin, R. Gardiner, Secrétaire exécutif de la CEA.

Le groupe des 12 experts qui examina les différents projets de charte fut constitué par André Boronie, directeur adjoint de la Banque Nationale pour le commerce et l'industrie de France, Bulcha Demeksa, directeur par intérim du crédit et des finances au ministère des Finances d'Éthiopie, Dr Abdel Galed El-Emery, gouverneur de la Banque centrale d'Égypte, M. C. N. Isong, directeur de recherche à la Banque centrale du Nigeria, Menasse Lemma, gouverneur par intérim de la Banque Nationale d'Éthiopie, M. K.L Mahrong, conseiller technique à la caisse de dépôt et de gestion au Maroc, F.A N'liba-Nguimbous, directeur général de la Banque Nationale de développement du Cameroun, Dr Pius Okigbo, conseiller économique au gouvernement oriental du Nigeria, M. P. Clarence Parker, Jr., directeur général de la société de Crédit Agricole et industriel du Liberia, Pierre Sanner, directeur des études de la Banque centrale des États de l'Afrique de l'Ouest et Taffar Dequepe, directeur à la Banque Nationale d'Éthiopie. C'est à la suite de la présentation du rapport préparé par ce groupe de douze experts, lors de la quatrième session de la CEA tenue du 9 février au 3 mars 1962 à Addis-Abeba, que fut créé le Comité des Neuf, chargé d'approfondir le document. Ce comité fut composé par les représentants des États suivants : Cameroun, Éthiopie, Guinée, Liberia, Mali, Nigeria, Soudan, Tanganyika (Tanzanie) et la Tunisie. Le Comité était présidé par M. Roméo Horton.

Une deuxième réunion se tint à Lagos au Nigeria en 1962. Tous les États participants acceptèrent l'idée de créer la Banque africaine de développement. Le « Comité des Dix » [49]décida alors d'entreprendre une mission d'information et de sensibilisation auprès des autres Chefs d'État et de gouvernement pour les amener à soutenir le projet qui avait déjà enregistré un bon niveau de crédibilité auprès de la communauté internationale.

Subitement, des divergences liées aux approches idéologiques des différents groupes apparurent. Le consensus qui avait jusque-là prévalu en prit un coup. Les divergences furent exacerbées par les influences des capitales occidentales et les rivalités politiques des capitales africaines. La France exerça une forte pression sur ses anciennes colonies de l'Afrique occidentale pour saborder le projet. Les ministres des Finances de la Côte d'Ivoire et du Sénégal étaient à l'époque tous les deux des Français « bon teint ». Paris décida alors de lancer l'idée de la création de l'Union des banques nationales africaines dont le siège serait à Abidjan.

Le « Comité des Dix » fut chargé de gérer cette délicate question du projet franco-ivoirien visant à bloquer la création de la Banque africaine de développement. Du côté des Africains, les démarches visant la création de la BAD étaient très avancées avec les autorités ivoiriennes. La réaction de la France intensifia ces démarches pour impliquer davantage les leaders politiques ivoiriens. La position ivoirienne resta mi-figue mi-raisin à cause de la forte influence française qui assimila le projet à une démarche américaine susceptible de miner la mainmise française sur ses anciennes colonies africaines. La France entendit préserver son influence en Afrique vis-à-vis des États-Unis d'Amérique.

Pourtant, l'Amérique n'eut pas de passé colonial en Afrique ; mais, pour la France, dans la mesure où le projet a été initié par le Liberia, l'Amérique en était sûrement le parrain. Dans le but

[49] Le comité des dix fut composé par les membres du comité des neuf auxquels s'ajouta un nouveau membre

de contrebalancer la position française, les pères fondateurs du projet décidèrent du choix de la ville d'Abidjan pour abriter le siège de la future banque continentale. Ce choix eut l'avantage d'intéresser Abidjan au projet et de tenir Dakar en laisse avec la promesse d'abriter la future banque centrale des États de l'Afrique de l'Ouest. La France trouvait ces choix alléchants. Le ministre des Finances du Sénégal accueillit avec joie la proposition faite au Sénégal. Mais pour la Côte d'Ivoire, il restait à convaincre le Président Félix Houphouët-Boigny que le choix d'Abidjan pour abriter le siège de la BAD était un choix judicieux.

La Côte d'Ivoire n'avait pas manifesté un intérêt particulier au projet. On alla même jusqu'à soupçonner la France de continuer à contrecarrer le projet, malgré les compromis trouvés. En plus, l'autre raison du choix d'Abidjan, même si politiquement correcte, était que Khartoum avait un climat très rude pour une institution internationale. Mansour Mollah, ex Vice-président de la BAD et membre fondateur de l'institution, avait révélé lors de la célébration du 40e anniversaire à l'hôtel Abou Nawas à Tunis que Khartoum ne pouvait pas abriter le siège à cause de la canicule. Il s'est rappelé que lors d'une réunion du « Comité des Neuf » à Khartoum, il y faisait une canicule telle que les membres du Comité étaient obligés de se déshabiller pour tenir dans la salle. Au cours de cette réunion du « Comité des Neuf » à Khartoum, il faisait chaud si chaud que des séances de travail durent être suspendues à cause de la canicule. Ce fut dans ce contexte que, « *off the record* », Romeo Horton demanda à ses collègues de tout mettre en œuvre pour que Khartoum ne fût pas choisi pour abriter le siège de l'institution. Pourtant, le Soudan affichait une volonté inébranlable d'abriter le siège de la Banque. La pression que le gouvernement soudanais exerça sur les membres du « Comité des Neuf » fut insoutenable. Mais le pays dut se résoudre à renoncer à abriter le siège.

Au cours d'une réunion tenue à Addis-Abeba en Éthiopie pour finaliser le projet de l'Accord portant création de la Banque africaine de développement, M. Horton profita d'une pause technique pour se rendre *illico presto* en consultation à Monrovia pour informer le Président Tubman des propositions du Comité sur deux points essentiels, à savoir le choix du siège de la future banque et le pays qui en assurerait la présidence. Il était entendu que le « Comité des Neuf » ne souhaitait pas que le siège fût installé à Khartoum à cause des conditions climatiques « exécrables ». Pour cette raison, le comité préféra la ville d'Abidjan à celle de Khartoum. En plus des choix liés au climat, il y avait certainement d'autres critères parce qu'Abidjan était devenu une ville cosmopolite et plus proche du Liberia. Dans un de ses nombreux témoignages, M. Horton[50] raconta lui-même son entretien avec le Président Tubman en ces termes :

> « *J'essayais de le convaincre de renoncer à la proposition de choisir Khartoum pour abriter le siège de la Banque. Je lui expliquais que la capitale soudanaise ne satisfaisait pas aux critères de choix du siège. J'évoquais les hésitations des pays francophones et la position française en expliquant que la Côte d'Ivoire n'était pas favorable à la création de la Banque africaine de développement, encore moins pour abriter le siège* ».

Romeo Horton[51] rapporta que le Président Tubman lui répondit en ces termes :

> « *Monsieur Horton, beaucoup de gens m'ont conseillé de proposer ta candidature au poste de Président de la Banque africaine de développement. Cependant, sache que si tu réussis à convaincre les autorités ivoiriennes à accepter d'accueillir le siège à Abidjan, tu ne pourrais en être le Président. Il sera quasi impossible d'avoir le siège à Abidjan et de choisir un Président Liberien. Ce serait alors tout donner à l'Afrique de l'Ouest* ».

---

[50] Roméo Horton, Témoignage lors de la célébration du 40e anniversaire, Tunis, 2004.

[51] Roméo Horton, Témoignage lors de la célébration du 40e anniversaire, Tunis, 2004

À la suite de cet entretien, Romeo Horton se rendit en Côte d'Ivoire. Il fut reçu par le Président Félix Houphouët-Boigny, en présence du ministre des Finances de la Côte d'Ivoire de l'époque, et du Président de l'Assemblée nationale de Côte d'Ivoire alors en poste. M. Horton lui remit le message du Président Tubman. Il l'en remercia et lui demanda de revenir prendre la réponse dans deux jours. Après deux jours de réflexion, le Président Houphouët-Boigny fit venir Romeo Horton et lui signifia poliment le refus de la Côte d'Ivoire d'abriter le siège de la Banque africaine de développement à Abidjan. Très surpris de la position ivoirienne, Romeo Horton rapporta qu'il fit au Président Félix Houphouët-Boigny un exposé magistral des conclusions du « Comité des Neuf » qui ont motivé le choix d'Abidjan pour abriter le siège de la nouvelle institution. Malgré son éloquence et sa verve habituelle, Horton raconta que son exposé des motifs n'avait pas réussi à faire changer de position au Président Houphouët-Boigny. Celui-ci était un fin stratège. En bon chef de famille, il fixa un autre rendez-vous à Romeo Horton afin de poursuivre avec lui la réflexion et de donner la position définitive de la Côte d'Ivoire. Ce devait être la troisième rencontre entre Romeo Horton et le Président Félix Houphouët-Boigny.

Mamadou Coulibaly, Président de l'Assemblée nationale, et Auguste Denis, Président du Conseil économique et social de l'époque, prirent part à cette troisième audience que le Président Houphouët-Boigny accorda à Roméo Horton. L'envoyé du président Tubman fut reçu par le Président Houphouët. Le ministre des Finances ivoirien, français à l'époque, n'avait pas participé à cette troisième rencontre. Selon Romeo Horton, ce fut au cours de cette troisième audience que le Président Félix Houphouët-Boigny finit par accepter à Abidjan le siège de la future Banque africaine de développement.

Roméo Horton informa le Président Tubman de la décision du Président Félix Houphouët-Boigny d'abriter le siège de la Banque. Tubman instruisit alors le « Comité des Neuf » de proposer dans leur document le choix d'Abidjan pour abriter le siège de la Banque africaine de développement. Aussitôt dit aussi fait. M. Horton reprit l'avion pour rejoindre à Khartoum le « Comité des Neuf ». Il informa le comité de l'accord des autorités ivoiriennes d'abriter le futur siège de la Banque et de la décision du président Tubman. Le Comité des Neuf entérina la décision de loger le siège à Abidjan. Le Soudan fut alors proposé pour assurer la présidence de la Banque africaine de développement.

2.2 La naissance de la BAD

L'assemblée générale constitutive de la Banque africaine de développement se tint le 10 septembre 1964 à Lagos en République fédérale du Nigeria. L'assemblée générale constitutive entérina les propositions et conclusions du « Comité des Neuf ». Il a été décidé de loger le siège de la Banque africaine de développement à Abidjan en République de Côte d'Ivoire, et de confier la présidence de l'institution au Soudan. L'assemblée proposa Mamoun Beheiry, le ministre des Finances du Soudan, au poste de Président de la Banque africaine de développement qui venait d'être portée sur les fonts baptismaux. Mais, durant la même période où se tenait l'assemblée générale, un coup d'État survint au Soudan. Le gouvernement fut renversé et Mamoun Beheiry fut mis aux arrêts et emprisonné à la prison centrale de Khartoum. Celui qui venait d'être nommé Président de la Banque africaine de développement était en prison.

Nonobstant cette arrestation et les débats qu'elle soulevait à travers tout le continent, l'Assemblée générale maintint la nomination de Mamoun Beheiry à la tête de la nouvelle institution. Le coup de force qui conduisit à son arrestation eut lieu la veille de l'Assemblée générale de Lagos. Il fut élu premier Président de la Banque africaine de développement. L'assemblée générale a voulu témoigner de sa reconnaissance et de sa fidélité à la contribution du Soudan à la création de la Banque. En nommant Mamoun Beheiry au poste de Président de la Banque africaine de développement, l'Assemblée générale a marqué sa solidarité au gouvernement soudanais renversé par un coup d'État militaire et à l'homme Mamoun Beheiry, ex-ministre des

Finances du même Gouvernement, pour les efforts déployés en vue de la création de la BAD.

Dès la fin de l'Assemblée générale, le Nigeria, qui suivait avec beaucoup d'attention le déroulement des événements au Soudan, dépêcha l'avion de commandement du Président de la République fédérale du Nigeria pour aller chercher Mamoun Beheiry à Khartoum et l'installer dans ses nouvelles fonctions à la tête de la banque continentale. La tension était très vive à Khartoum au lendemain du coup d'État. Dès l'arrivée de la délégation en provenance du Nigeria, il a fallu beaucoup de temps et de tractations pour négocier, au nom de l'Afrique unie, la libération du prisonnier Mamoun Beheiry. Il n'a pas été aisé de libérer ce ministre des finances, qui incarnait l'autorité dans le gouvernement renversé. Cependant, les nouvelles autorités de Khartoum firent preuve de compréhension et de solidarité à la cause panafricaine grâce à l'influence du Nigeria. Elles acceptèrent de coopérer et de libérer Mamoun Beheiry en échange d'une reconnaissance internationale et de la solidarité africaine face à un coup d'État. Donc Mamoun Beheiry prit fonction à la tête de la Banque africaine de développement dès qu'il sortit de prison ; ce fut inédit dans les annales d'une grande institution continentale.

2.3 Une « exfiltration » à Khartoum

Sékou Traoré, qui fut membre de la délégation chargée d'aller chercher Mamoun Beheiry à Khartoum raconta dans son témoignage lors de la célébration du 40e anniversaire de la BAD le déroulement de cette opération en ces termes :

> « *J'étais dans l'avion spécial de commandement du Président Nigerian qui fut dépêché pour aller chercher Mamoun Beheiry à Khartoum. Nous avions beaucoup d'appréhension à défier de la sorte les nouvelles autorités de Khartoum. Les négociations furent initiées par les autorités nigerianes. Nous reçûmes le feu vert de l'assemblée générale pour effectuer le déplacement à Khartoum* ».

Il eût été très difficile, voire impossible, d'envisager d'aller cueillir Mamoum Beheiry des geôles des militaires de Khartoum à la suite d'un coup d'État, sans le soutien du Nigeria. La mise à disposition de l'avion de commandement du Président du Nigeria rassurait l'Afrique. Le Nigeria entretenait avec Khartoum de très bonnes relations, tant au plan civil que militaire. L'avion décolla de l'aéroport de Lagos, avec à son bord des officiers de l'armée nigeriane et des membres de la délégation dépêchée par l'Assemblée générale. Selon Sékou Traoré[52],

> « *Il y eut un silence de mort durant tout le vol. Seules résonnaient les voix, de temps en temps, les voix des militaires qui tentaient de s'informer sur la situation. Il était difficile de prévoir l'accueil que nous réserveraient les autorités de Khartoum. À notre arrivée à Khartoum, nous étions accueillis à l'aéroport par un représentant des nouvelles autorités locales et nous fîmes route vers la prison. Nous engagions avec les autorités de Khartoum de longues et intenses négociations pour libérer Mamoun Beheiry. Nous finîmes par les convaincre de le libérer en leur donnant toutes les assurances requises. Mamoun Beheiry fut donc libéré. Nous l'attendions à la porte de la prison* ».

En sortant de prison, Mamoun Beheiry entreprenait une marche laborieuse vers son investiture à la tête de la BAD comme premier président de cette institution. Sékou Traoré raconte la suite de cette manœuvre risquée :

> « *L'attente fut longue. Les cargos des militaires faisaient des allées et venues entre le quartier général des putschistes et la prison. Le Gouvernement Nigerian menait les négociations depuis Lagos. Après de longues heures d'attente, la porte de la prison de Khartoum s'entrouvrit et Mamoun Beheiry apparut drapé, habillé d'un pyjama multicolore. Nous prîmes contact avec sa famille afin*

[52] Entretien avec Sékou Traoré au café de l'hôtel Abou Nawas lors de la célébration du 40e anniversaire de la BAD à Tunis en septembre 2005.

de lui remettre des habits décents. Dès que nous avions obtenu des habits propres, Mamoun Beheiry les enfila à la prison de Khartoum et nous nous dirigeâmes sous bonne escorte vers l'aéroport ».

Ville sous couvre-feu imposée à la suite d'un coup d'État militaire, la capitale soudanaise ne donnait pas de garantie de ne pas faire capoter l'opération à tout instant. Même en arrivant à l'aéroport, la délégation était sur le qui-vive :

> *« Khartoum était d'un calme glacial. Aucun mouvement au-dehors autre que celui des militaires putschistes. Nous traversâmes une ville morte parsemée de patrouilles de soldats en uniformes. La sécurité était renforcée sur le parcours qui nous menait à l'aéroport de Khartoum où attendait l'avion présidentiel de la République fédérale du Nigeria. L'avion de commandement du Président de la République fédérale du Nigeria attendait en bout de piste pour un décollage imminent. Dès notre arrivée à l'aéroport, nous nous précipitâmes dans l'avion de commandement du Président du Nigeria. Nous décollâmes sous bonne escorte de militaires armés jusqu'aux dents. Destination : Lagos où nous attendait l'Afrique ».*

Ce n'est qu'après le décollage de l'avion que Mamoun Beheiry fut débriefé sur la situation des nominations à la BAD et sur les différents dossiers qui l'attendaient à la tête de cette jeune institution panafricaine :

> *« Au cours du vol qui nous conduisait à Lagos, la délégation spéciale qui était venue chercher Mamoun Beheiry fit le point des conclusions de l'Assemblée générale au nouveau Président élu de la Banque africaine de développement. Mamoun Beheiry prit ainsi connaissance des discussions et des délibérations de l'Assemblée générale de Lagos ».*

Mamoun Beheiry fut aussi informé de la composition de la haute direction de la Banque, mise en place avec les nominations de Mansour Moalla (Tunisie), Ola Vincent (Nigeria), Louis Nègre (Mali) et Sheikh Aziz Alamoody (Kenya), respectivement aux postes de 1er, 2e, 3e et 4e Vice-présidents. Le Liberia préféra à Romeo Horton le ministre des Finances de l'époque. Le Mali préféra également le ministre des Finances de l'époque à Sékou Traoré. Mais dès sa prise de fonction, Mamoun Beheiry fit appel à Sékou Traoré comme consultant-conseiller au bureau du Président avant qu'il ne devienne par la suite le Secrétaire général de l'institution ayant en plus la charge de superviser l'administration.

La charte portant création de la Banque africaine de développement a été élaborée par des experts de la commission économique des Nations unies pour l'Afrique et les membres du « Comité des Neuf », lesquels ont été assistés par des experts consultants. Mansour Moalla de la Tunisie fut l'une des éminences grises en matière de réglementation bancaire. Il a occupé auparavant les postes de gouverneur de la Banque centrale de Tunisie et de ministre des Finances de la Tunisie. Il avait une bonne connaissance des textes portant sur la réglementation bancaire.

Mansour Moalla jouissait d'un grand respect auprès des experts français et particulièrement auprès du gouverneur de la Banque de France de l'époque. Il a souvent servi d'intermédiaire entre le « Comité des Neuf » et les autorités de la Banque de France. Un homme politiquement engagé et un cadre de haut niveau, selon ses pairs. Je l'ai rencontré lors de la célébration du quarantième anniversaire de la Banque à Tunis. Il était déjà un homme assez fatigué, mais dont les yeux exprimaient toute sa lucidité. Il n'a jamais oublié cette veille d'une de ses missions à la Banque de France, où les forces françaises avaient bombardé Sakiet, un village du Sud tunisien du côté de la frontière algérienne. Malgré cet incident qu'il qualifia de « fâcheux », Mansour Moalla rappela qu'il avait décidé de se rendre en France pour rencontrer le Gouverneur de la Banque de France.

> *« Dès que je fis un pas dans son immense bureau, raconta-t-il, le gouverneur de la Banque de France,*

> *qui fut un personnage distingué et respecté au sein de la classe dirigeante française, me jeta d'un air narquois : « C'est bien fait pour votre pays" ».*

Mansour Moalla n'a jamais révélé la réponse qu'il avait adressée ouvertement ou en son for intérieur au Gouverneur ; peut-être qu'il dut garder le silence du fait que cette discussion n'était pas l'objet de sa mission.

Chapitre 3
La première génération de Présidents de la BAD (1964-1985)

De sa création à 1985, la BAD a évolué sur cette période au cours de laquelle je n'ai côtoyé aucun de ses présidents. Ce chapitre porte sur cette période où je n'étais pas encore salarié de l'Institution, et au cours de laquelle se sont succédé à la tête de la BAD : Mamoun Beheiry du Soudan (1964-1970), Adel Wahab Labidi de la Tunisie (1970-1976), Donkor Fordwor du Ghana (1976-1979), Gondwe du Malawi, qui assura une présidence par intérim (1979-1980) et Willa Mun'gomba de la Zambie (1980-1985). J'ai quitté la Banque en 2014, avant l'arrivée du Président Nigerian Akinwumi Adesina, dont j'ai suivi la campagne pour l'élection à la présidence de la BAD. J'ai aussi pris part à la cérémonie de son investiture.

3.1 Mamoun Beheiry du Soudan (1964-1970)

Élu en 1964, Mamoun Beheiry était, selon de nombreux témoignages concordants, un homme doté d'une intelligence exceptionnelle et d'une forte personnalité. Il fut un homme de synthèse né aux confluences des cultures africaines et arabo-berbères qui caractérisent le Soudan. Il savait discuter avec les dirigeants de son temps. Cette force de caractère lui permit de contribuer avec succès à toutes les négociations ayant abouti à la création de la BAD. Il mena les discussions serrées avec Georges Woods, Président de la Banque mondiale, et les autorités américaines pour les convaincre de l'urgence et de la nécessité de créer la banque africaine de développement.

Le Président de la Banque mondiale de l'époque opposa un non catégorique à Roméo Horton à qui il demanda lors de leurs entretiens ce que l'Afrique allait faire d'une banque de développement. *« Pensez-vous qu'elle en a réellement besoin ? »* lui avait-il répondu. Une telle réaction de la part d'un dirigeant d'une institution internationale comme la Banque mondiale heurta violemment les consciences africaines. Elle fit couler beaucoup de salive au sein du « Comité des Neuf » et des dirigeants africains. Le Président de la Banque mondiale osa donner une telle réponse, par manque de considération pour le continent, ou plutôt parce qu'il prit ses aises devant M. Horton, qu'il considérait comme un « compatriote ». Mais lorsque le même Président de la Banque mondiale rencontra la délégation conduite par Mamoun Beheiry, il comprit très vite la volonté et la détermination des Africains de doter leur continent d'une institution financière de développement.

La Banque mondiale, par la voix de son président, décida alors d'apporter tout le soutien nécessaire à la réalisation du projet de création d'une banque africaine de développement par et pour les Africains. Tous les témoignages concordent à soutenir que Mamoun Beheiry fut un homme de conviction et un négociateur hors pair sans lequel la Banque africaine de développement n'aurait jamais vu le jour.

Au cours de son mandat, il posa les fondations de la Banque africaine de développement et mit en place les jalons destinés à bâtir sa crédibilité. La stature de l'homme permit très vite à la BAD de jouir du respect de la classe politique africaine et de la communauté internationale. La gauche politique de l'élite africaine anticipa les événements et afficha la conviction que l'Afrique devait se doter d'une armée de libération qui serait financée par la nouvelle banque de développement ; cela pour aider les pays colonisés à mener leur guerre de libération. La Banque fut longtemps interpellée sur cette idée de financer les guerres de libération.

Quel que fût le rôle politique de la direction de la Banque africaine de développement dans le soutien aux guerres de libération, son engagement militant ne fit jamais défaut à la classe politique africaine. La Banque, avant même sa création, était le symbole de l'Unité du continent et de l'engagement panafricain. Son seul objectif fut de doter le continent d'un bras financier pour financer les projets et programmes de développement des États nouvellement indépendants, et d'accélérer l'accession à l'indépendance des autres États.

Dès sa prise de fonction, Mamoun Beheiry travailla à l'installation de la Banque africaine de développement à Abidjan. Il installa d'abord les bureaux de la Banque au siège du Secrétariat de la Commission économique des Nations Unies pour l'Afrique à Addis-Abeba (Éthiopie) en 1964. Ensuite, il procéda à leur transfert au siège statutaire à Abidjan (Côte d'Ivoire). Le siège de la Banque fut installé provisoirement dans les locaux de l'Assemblée nationale de Côte d'Ivoire en mars 1965. Pendant ce temps, Mamoun Beheiry mit à profit ses talents de négociateur à Washington avec le Président de la Banque mondiale Georges Woods pour bénéficier de l'appui logistique du bureau de la Banque mondiale qui était déjà installé à Abidjan. Cela fut accepté par la Banque mondiale, qui mit à contribution son bureau à Abidjan pour assister la Banque africaine de développement dans ses débuts d'installation.

L'Afrique venait de réussir un pari très audacieux. Ce fut le temps de la joie, avec le rêve devenu réalité, mais aussi le temps de l'attente pour avoir des réponses aux besoins pressants de financement des pays africains. La Banque africaine de développement prit très vite de l'envergure. Les locaux mis à sa disposition par le gouvernement ivoirien à l'Assemblée nationale ivoirienne devinrent très vite exigus. La Banque dut déménager dans de nouveaux locaux aménagés dans le centre commercial « Nour Al Hayat » qui venait d'être inauguré dans le quartier du plateau à Abidjan.

La Banque africaine de développement devint très vite une grande institution internationale. Elle se dota d'un personnel composé en majorité de cadres africains de haut niveau. L'ouverture de la Banque africaine de développement suscita au niveau des cadres africains de la diaspora un réel engouement pour le retour sur le continent. Le personnel de soutien était recruté sur place. L'identification du personnel de soutien et son recrutement étaient confiés à la Secrétaire[53] du Président de l'institution. Cette dernière eut l'idée de coopter et de recruter les épouses de hauts fonctionnaires ivoiriens dont les maris, comme ce fut son cas, étaient victimes des choix politiques de Félix Houphouët-Boigny. En effet, les maris des femmes auxquelles elle fit appel pour servir au sein de l'institution en qualité de personnel de soutien avaient pour la plupart perdu leur emploi suite à des accusations de complot contre le régime du Président Houphouët-Boigny. Cela fut problématique pour la nouvelle institution. La direction, en majorité des étrangers, ne pouvait imaginer un engagement politique aussi sérieux de la part de la secrétaire, qui m'a elle-même confié son témoignage lors d'une rencontre fortuite en marge d'une réunion au sommet. Une telle défiance du puissant Président Félix Houphouët-Boigny pouvait freiner l'élan du lancement de l'institution panafricaine. Quelle audace ! Ou plutôt quelle naïveté de la part de la secrétaire du Président, si l'histoire du complot en était une de sérieuse… Cette négligence coupable de la nouvelle direction de la Banque africaine de développement préfigurait peut-être les problèmes de gouvernance auxquels l'institution allait être confrontée dans le cadre de son évolution. Il est évident que les démarrages sont toujours difficiles pour des institutions d'obédience politique. Mais il est aussi évident que le recrutement du personnel de soutien n'avait pas fait l'objet d'une prise en compte dans les textes portant création de la Banque africaine de développement.

Mamoun Beheiry eut la lourde tâche de doter l'institution d'un siège, conformément à l'« Accord portant création de la Banque africaine de développement »[54]. Il s'engagea à accomplir sa mission avec détermination. Il bénéficia du soutien des autorités ivoiriennes. Ainsi, en mars 1966, le Président Félix Houphouët-Boigny mit à la disposition de la Banque africaine de développement un terrain de 4600 m² au centre du Plateau à Abidjan pour l'érection d'un siège digne de l'institution

[53] Mme Simone Guirandou Ndiaye dans son témoignage lors de la célébration du 40e anniversaire de la BAD à Tunis (Tunisie) en septembre 2005.
[54] Accord portant création de la Banque africaine de développement signé le 4 août 1963 et entré en vigueur le 10 septembre 1964.

panafricaine. Les plans auraient été aussitôt réalisés par un consortium d'architectes italien et ivoirien.

Mais, le Président Mamoun Beheiry, en bon gestionnaire, estima que les ressources financières de l'institution n'étaient pas assez consistantes pour lui permettre de se lancer dans la construction d'un siège de 18 étages. Il préféra faire preuve de réalisme et éviter de se lancer dans la construction du siège. Il rechercha son prestige dans le financement des premiers projets de la Banque africaine de développement et laissa à ses successeurs le soin de construire le siège dès que les ressources le permettraient. Mamoun Beheiry a été l'artisan de la création du Fonds africain de développement (FAD), mais aussi de la Société internationale financière pour le développement de l'Afrique (SIFIDA). Son mandat s'est achevé en 1970 avec l'élection à Fort Lamy (actuel Ndjamena) au Tchad de Abdelwahab Labidi de la Tunisie. Mamoun Beheiry est décédé à Khartoum le 28 août 2002, à l'âge de 77 ans.

3.2 Adelwahab Labidi de la Tunisie (1970-1976)

La Tunisie de Abdelwahab Labidi fut de tous les combats menés pour la création de la Banque africaine de développement. La Tunisie a participé à toutes les négociations et études destinées à mettre sur pied la Banque panafricaine. Ce fut lors de la célébration du premier anniversaire de la Banque Nationale de Tunisie que, pour la première fois fut adoptée la résolution affirmant clairement la volonté des pays africains de créer la banque africaine de développement.

Abdelwahab Labidi, au moment de son élection en qualité de deuxième Président de la Banque africaine de développement, occupait le poste de directeur général de la Banque Nationale de développement agricole de la Tunisie. Son pays avait accumulé une riche expérience en matière d'investissement et de partenariats financiers. Grâce à cette expérience, Abdelwahab Labidi sut donner une forte impulsion aux investissements orientés vers le secteur agricole et le développement rural. Son élection était d'autant plus justifiée que l'agriculture occupait à l'époque plus de 90 % de la population africaine. Tous les pays africains avaient élaboré des plans de développement reposant sur le développement rural.

Dès sa prise de fonction, Abdelwahab Labidi entreprit les travaux de construction du siège de la Banque africaine de développement. Il fallait beaucoup d'argent pour la réalisation du plan architectural du nouveau siège de la BAD. Les maquettes du futur siège, qui cristallisait l'attention de tout un continent, de tout le peuple noir ; ce peuple avait l'ambition de s'affirmer à la face du monde et de prendre son destin en main. Labidi consacra son mandat à la recherche et à la mobilisation des ressources supplémentaires destinées à financer les travaux de construction du siège de l'Institution. Le plan comportait un immeuble de 18 étages en face de la lagune Ébrié, en plein cœur du plateau de la ville d'Abidjan.

Au cours de son mandat, le Président Abdelwahab Labidi a matérialisé l'idée de la création de l'Association des institutions africaines de financement du développement (AIAFD) en mai 1975 à Dakar au Sénégal, en marge des assemblées annuelles de la Banque africaine de développement. La création de l'AIAFD fut l'aboutissement d'un long processus engagé en 1969 à Freetown en Sierra Leone. La Banque africaine de développement accepta d'en assurer le Secrétariat provisoire et nomma un Secrétaire général en la personne de Georges Rigobert Aithnard du Togo. Aithnard fut l'un des premiers cadres africains qui étaient en service à la caisse française de coopération économique et qui ont décidé de retourner en Afrique pour travailler à la Banque africaine de développement. J'ai eu à travailler sous son autorité en qualité de consultant, alors qu'il était directeur du centre de formation de la Banque. Un homme affable et d'une grande générosité intellectuelle.

Le Président Labidi offrit toute la logistique requise pour le bon fonctionnement de l'Association des Institutions africaines de financement du développement, où j'ai servi comme expert, puis comme Secrétaire général de 1996 à 2001. L'AIAFD était conçue pour servir de cadre de concertation et de coopération technique entre les banques nationales africaines chargées du financement du développement. L'AIAFD leur offrait un outil de dialogue permanent en vue de les aider à harmoniser leurs politiques d'intervention et de formation. Toutes les banques nationales de développement de l'époque travaillaient déjà en étroite collaboration avec la Banque africaine de développement. Elles bénéficiaient de lignes de crédit pour financer le développement dans les pays africains.

Quoique sa tâche fût des plus ardues en raison de l'urgence de doter la Banque d'un siège, le Président Labidi n'en a pas moins fait au plan opérationnel. Il sut orienter l'action de la Banque africaine de développement vers des financements productifs, notamment l'émergence de grandes industries nationales telles que les huileries, les cimenteries, les savonneries et les minoteries. L'industrialisation de l'Afrique était un pari audacieux, mais nécessaire au décollage économique du continent. C'est ainsi que les grandes industries virent le jour sur le continent, grâce à une coopération technique et financière exemplaire en matière de financement.

Le mandat du Président Labidi prit fin en 1976. Kwame Donkoh Fordwor du Ghana lui succéda la même année en qualité de troisième Président de la Banque africaine de développement.

3.3 Donkor Fordwor du Ghana (1976-1979)

Kwame D Fordwor a été élu à Kinshasa au Zaïre, l'actuelle République démocratique du Congo (RDC) en 1976. Son mandat fut le plus court de l'histoire de la Banque africaine de développement, à cause d'une crise institutionnelle sans précédent. Selon les témoignages recueillis auprès des membres du personnel de la Banque qui travaillaient avec lui, le Président Kwame Donkoh Fordwor était un homme de vision et un panafricaniste convaincu. Il voulait que la Banque africaine de développement devienne un modèle de gestion pour les pays africains. Selon le Président Fordwor, l'Afrique devait se passer de l'assistance technique et de l'aide étrangère.

Fordwor était un homme flegmatique et distant. Il connaissait bien la pauvreté. Son livre autobiographique[55] révèle que le Président Fordwor vendait du bois pour payer ses études. Il marchait aussi de longues distances pour se rendre à l'école. Le personnel de la Banque a gardé de Fordwor l'image du Président qui a procédé à l'ajustement des salaires du personnel avec une hausse substantielle. Cet acte lui valut l'estime et la motivation

[55] Kantinka Kwame Donkoh Fordwor, *Perseverance Conquers All,* winmat Publishers Ltd and Worldreader, 2017, 486 pages

du personnel. Il mit ensuite en place une structure de promotion interne du personnel afin de donner plus de chance aux ressources humaines des services généraux. Cette structure garantissait au personnel un plan de développement de carrière en offrant une chance aux employés des services généraux.

Fordwor avait marqué un grand coup en leur offrant la possibilité d'accéder au statut de cadre supérieur. Omar Kabbaj mit fin à ce mécanisme de promotion, car il limita l'accès aux postes de professionnel aux seuls titulaires d'une maîtrise de l'enseignement supérieur.

Kwame Donkoh Fordwor, dans le souci de renforcer le professionnalisme et l'efficacité au sein de l'institution, lança le premier plan de restructuration de la BAD. La Banque fut alors dotée d'un organigramme digne d'une grande institution de son rang. Il entreprit ensuite d'ouvrir le capital de la Banque africaine de développement aux pays non africains, c'est-à-dire non régionaux, pour renforcer la capacité de financement de l'institution. Un document de stratégie fut soumis à l'examen des Gouverneurs de la Banque et fut adopté en 1978.

Cependant, la décision d'ouvrir le capital de la Banque aux pays non africains eut du mal à rencontrer l'adhésion de nombreux pays. Ces derniers s'y opposèrent avec virulence. Le Nigeria, fervent défenseur de l'africanité de l'institution, fut le premier pays à s'opposer à l'ouverture du capital, craignant que les Africains ne perdissent le contrôle de leur institution, bâtie au terme d'une lutte politique acharnée. En s'opposant à l'ouverture du capital aux pays non régionaux, les Africains voulurent préserver les acquis du combat mené par les pères fondateurs. Ce fut plus un réflexe d'autodéfense de pays anciennement colonisés, craignant de retomber dans les avatars d'une domination économique, qu'un manque de réalisme, car la Banque africaine de développement est née des cendres de la colonisation pour financer le décollage de l'Afrique. Par conséquent, bien qu'étant une institution financière, la Banque africaine de développement n'en est pas moins une institution politique, dans la mesure où elle constitue, pour les Africains, un acquis majeur de la lutte pour l'indépendance du continent.

Kwame Donkoh Fordwor engagea la bataille qu'il n'aurait jamais dû livrer à ses adversaires au sein du Conseil d'administration. La conséquence lui fut fatale. Il fut démis de ses fonctions par le Conseil d'administration. En 1979, Kwame Donkoh Fordwor fut donc mis en congés pour une période illimitée. Il perdit tous les privilèges liés à la fonction de Président de l'institution, et cela en dépit de son bilan, somme toute positif.

Ironie du sort, la suspension du Président Fordwor est intervenue un an après l'inauguration du Siège de la Banque africaine de développement le 17 novembre 1978 par le Président Félix Houphouët-Boigny. Le bâtiment du Siège domine le centre de la ville d'Abidjan, avec trois façades en forme d'arc ouvrant ses flancs sur la lagune Ébrié, offrant ainsi un plateau de cristal et de verre où se mire la ville d'Abidjan.

Le bâtiment composé de deux tours majestueuses comprend, à l'intérieur, les couloirs triangulaires courbés. Chaque tour construite sous forme pyramidale comporte dix-huit étages. Le Siège de la BAD participe au décor de la ville d'Abidjan. Du haut de l'immeuble, la lagune Ébrié offre un paysage pittoresque. Du haut de la tour de verre, les quartiers du Plateau, Cocody, Treichville, Marcory, Locodjoro, le port autonome d'Abidjan et d'Adjame, dévoilent toute leur intimité. Le visiteur, du haut de l'immeuble, supplante les ponts Houphouët-Boigny et Charles de Gaulle.

Après la suspension du Président Fordwor, il fut remplacé sur décision du Conseil d'administration par le Vice-président. Soglon. Par la suite, une Assemblée générale extraordinaire, la première du genre, fut convoquée. Aux termes des travaux du Conseil des gouverneurs consacrés à la question de la suspension du Président, M. Gondwe, alors Vice-président, fut nommé Président par intérim de la Banque africaine de développement. Gondwe était Vice-président sous Fordwor. Son mandat essentiellement consacré à la gestion des affaires courantes fut bref. Il n'y eut pas de grandes décisions durant cette période intérimaire.

M. Fordwor fut donc mis en congés pour une période illimitée. Il perdit tous les privilèges liés aux fonctions de Président. Il n'avait plus accès au siège de la BAD dont il fut, ironie du sort, l'artisan qui a conduit l'achèvement des travaux et organisa son inauguration par le Président Félix Houphouët-Boigny.

Dans un livre publié en 1981[56], M. Fordwor fustige le Conseil d'administration et déverse sa bile sur ses membres qui l'avaient poussé à la sortie. Son autobiographie publiée à 83 ans n'est pas plus tendre : dès l'introduction, l'ancien Président de la BAD en veut à l'institution panafricaine, mais cible clairement et accuse le Nigeria et l'Algérie d'avoir voulu sa tête parce qu'il aurait changé l'esprit africaniste de la Banque en faisant entrer des non-Africains dans l'administration de l'institution[57].

M. Gondwe géra les affaires courantes jusqu'à l'Assemblée générale ordinaire qui s'est tenue à Abidjan en juin 1980, et au cours de laquelle Willa D. Mun'gomba de la Zambie fut élu quatrième Président de la Banque africaine de développement.

---

[56] Kwame Donkoh Fordwor The African Development Bank: Problems of International Cooperation, 1981, Pergamon, réédition: 11 avril 2015.

[57] *« With the admission of non-African into the bank, Nigeria and Algeria accused me of distroying the african Character of the Bank »* (Kantinka Kwame Donkoh Fordwor, *Perseverance Conquers All, op.cit.,* introduction).

3.4 Willa Mun'gomba de la Zambie (1980-1985)

A sa prise de fonction à la tête de l'institution, le Président Willa D Mun'gomba s'était fixé comme principal objectif le positionnement de la Banque sur les marchés financiers internationaux. Peu de gens crurent en son projet, jugé à l'époque trop ambitieux. Comment une institution africaine, évoluant dans un contexte marqué par l'absence de marchés de capitaux, pouvait-elle aspirer à se tailler une place sur les marchés internationaux ? Telle fut la réaction de nombreux détracteurs du Président Mun'gomba. Mais il n'en eut cure et se consacra à la tâche de consolider les ressources financières de l'institution afin de la doter de réserves substantielles et d'assurer à la fois sa solidité financière et sa crédibilité internationale. Il mit en chantier le projet d'ouvrir le capital aux pays non régionaux. Alors que l'ouverture du capital de la Banque aux pays non régionaux continuait de susciter des controverses entre partisans et opposants, Mun'gomba tint le cap.

Le réalisme politique des dirigeants africains finit par triompher. Ce triomphe laissa un goût amer aux autorités du Nigeria, pour qui l'africanité de la Banque n'était pas négociable. Pour les partisans du non à l'ouverture du capital de la Banque aux pays non africains, l'Afrique ne pouvait pas se libérer du joug colonial d'une part et accepter de s'aliéner financièrement de l'autre. Le sujet divisa à nouveau l'Afrique.

À la suite de grandes manœuvres diplomatiques, un compromis fut enfin trouvé avec la répartition du capital et le système de nomination du président de l'institution. En effet, il fut décidé que seuls 40 % du capital de la Banque africaine de développement seraient réservés aux non régionaux et les Africains garderaient 60 % du capital avec la clause que le Président de la Banque devait toujours être un Africain. Ce qui permettait aux pays africains de prendre le contrôle de leur Banque. Ce faisant, la Banque africaine de développement franchissait un pas décisif dans son évolution avec un programme ambitieux et une possibilité d'ouverture sur les marchés financiers internationaux. Le Président Willa D Mun'gomba fut remplacé par le Sénégalais Babacar Ndiaye.

Chapitre 4
La décennie de Babacar Ndiaye (1985-1995)

Le Sénégalais Babacar Ndiaye fut élu Président de la Banque africaine de développement en mai 1985. Son élection fut le résultat de sa performance professionnelle au sein de l'institution où il occupait le poste de Vice-président chargé des finances après en avoir gravi les échelons depuis son recrutement en qualité d'expert financier. Pour rappel, j'étais admis à la Banque africaine de développement en qualité de stagiaire en juillet 1988, donc 3 ans après l'élection de Babacar Ndiaye. Ma position de consultant, puis d'agent temporaire au sein de la communication de la BAD, m'ont permis d'être acteur et observateur privilégié de la vie tumultueuse de l'institution sous Babacar Ndiaye. À son poste de Vice-président chargé des Finances, Babacar Ndiaye s'était taillé une bonne réputation sur les places financières internationales aux côtés du Président Mun'gomba. Sa candidature pour succéder à ce dernier auquel il devait faire face aux élections avait plongé l'Institution dans une ambiance de campagne marquée par des conflits d'intérêt et de leadership. La fin de son second mandat fut aussi tourmentée. Ce chapitre revient sur ces événements, ainsi que sur le bilan plutôt honorable du Président Ndiaye à la tête de la BAD.

4.1 L'élection de Babakar Ndiaye en 1985

Dès que Willa D. Mun'gomba apprit la candidature de Babacar Ndiaye qui devait l'affronter lors de sa tentative de réélection, il le mit de côté, lui ôtant tout pouvoir exécutif. Cette méprise donna du temps à Babacar Ndiaye pour bien préparer sa candidature. Vice-président des finances de la Banque africaine de développement, Babacar Ndiaye avait déjà travaillé sur l'ouverture du capital et le positionnement de l'institution sur les marchés financiers. Cette expérience lui valut la reconnaissance des experts de la finance internationale et lui permit de renforcer son carnet d'adresses. Il eut au sein de la Banque une levée de boucliers de la part des amis de Babacar Ndiaye. La confrontation opposa non seulement les amis de Babacar Ndiaye à ceux de Willa Mun'gomba, mais aussi les anglophones aux francophones. L'atmosphère de conflit interne rendit la campagne mouvementée.

Babacar Ndiaye faisait partie des premiers cadres africains recrutés dès l'installation de la Banque à Abidjan. Un de ses amis, témoin de son recrutement, m'a rapporté que Babacar Ndiaye s'était présenté à la Banque à la recherche d'emploi avec un passeport guinéen. Au moment de son arrivée à Abidjan, les relations entre les Présidents Houphouët-Boigny et Ahmed Sékou Touré étaient exécrables. La Banque africaine de développement, qui venait d'être installée à Abidjan, ne pouvait se payer le luxe de recruter un Guinéen. Alors, le Secrétaire général de la Banque de l'époque, sachant que Babacar Ndiaye était aussi Sénégalais, lui conseilla d'aller chercher un papier administratif sénégalais afin de faciliter son recrutement. Babacar Ndiaye suivit les conseils qui lui furent prodigués et revint avec un passeport sénégalais qui permit son recrutement au sein de la Banque africaine de développement en qualité d'expert financier. Rien d'anormal, car l'homme possédait une double nationalité en raison de son père Sénégalais, ancien fonctionnaire des chemins de fer en Guinée, et de sa mère, Guinéenne d'ethnie Susu.

Il fit vite ses preuves au sein de la Banque africaine de développement, grâce à son intelligence, sa rigueur et sa méthode. Cela lui valut de gravir très vite les échelons et de se hisser au sommet de la haute direction de la Banque. Il passa très vite de Chef de service à celui de sous-directeur. Ensuite, de directeur à Vice-président et enfin à Président en 1985.

Babacar Ndiaye fut élu Président de la Banque africaine de développement dans un contexte économique très difficile pour les pays africains, à cause des programmes d'ajustement structurel menés tambour battant par le Fonds monétaire international et la Banque mondiale. Ces programmes d'ajustement structurel secouèrent la stabilité des régimes politiques du continent.

Au début des années 1980, la plupart des pays africains enregistrèrent de sérieuses difficultés, avec leur balance des paiements à cause des chocs pétroliers successifs, de la grave récession de l'économie mondiale et du fardeau de la dette et du service de la dette. La plupart des pays africains ont dû, sous la contrainte des institutions de Bretton Woods, s'engager dans des programmes de stabilisation et de réformes pour rétablir les équilibres macroéconomiques et permettre à leurs économies de renouer avec la croissance tout en restant compétitives.

Ce fut dans ce contexte que le Président Babacar Ndiaye s'efforça de consolider les acquis de la Banque sur les marchés financiers internationaux. Sous son mandat, la Banque africaine de développement obtint sa première notation triple A, octroyée par l'agence de notation Standard & Poor's. Cette notation triple A consacra le succès du premier mandat de Babacar Ndiaye. En 1990, aucune candidature au poste de Président de la Banque ne fut enregistrée. Babacar Ndiaye fut reconduit par acclamation pour un second mandat à la tête de la plus prestigieuse institution financière africaine.

4.2 Réélu pour des réformes structurelles

Au cours de son second mandat, le Président Babacar Ndiaye avait renforcé la position de la Banque sur les marchés financiers. La Banque africaine de développement avait obtenu les meilleures notes des agences de notation les plus prestigieuses au monde. Il entreprit alors d'engager la Banque dans le financement complexe du secteur privé africain, la microfinance et la promotion des femmes dans le développement. La Banque africaine de développement avait une très bonne visibilité et faisait la fierté de ses actionnaires. Le portrait de son Président faisait la une de la presse internationale.

À sa prise de fonction, le Président Babacar Ndiaye avait proposé le premier plan d'action de la Banque africaine de développement qui, de son propre aveu[58], fut inspiré du Plan d'action de Lagos signé en 1982 par les Chefs d'État africains. Le Plan d'action de Lagos fut la source d'inspiration du premier Plan stratégique de la Banque africaine de développement (1987-1993).

Le Président Babacar Ndiaye intensifia les prises de participation au capital de la Banque et procéda à la création d'institutions. Pour lui, le secteur privé devait être le moteur de la croissance en Afrique, sans pour autant affaiblir les pouvoirs publics. Il ne cessait de prôner un État fort pour développer le secteur privé. Il fut l'un des premiers concepteurs du Partenariat Public-Privé. Il travailla à la création de la Banque africaine d'Import-Export (Afreximbank), dont le siège se trouve au Caire (Égypte), la Table ronde des hommes d'affaires d'Afrique (ABR), la société de services (AMSCO) ayant son siège à Abidjan (Côte d'Ivoire), le Projet de la facilité africaine (APDF) ayant également son siège à Abidjan (Côte d'Ivoire), la Fondation africaine pour le renforcement des capacités (ACBF) ayant son siège à Harare (Zimbabwe), Shelter Afrique ayant son

[58] Aveu fait lors de la célébration du 40e anniversaire de la BAD à Tunis en septembre 2005.

siège au Kenya et l'Association africaine de Capital Risque qui ne survécut pas à sa création.

Le Président Babacar Ndiaye travaillait avec acharnement afin de renforcer la coopération de la Banque africaine de développement avec le secteur privé, d'une part, et avec les partenaires au développement d'autre part. Il apporta tout le soutien nécessaire au renforcement des capacités en Afrique en donnant une priorité aux ressources humaines.

Mais à la fin de son deuxième mandat, le Président Babacar Ndiaye rêvait d'obtenir une prolongation bien que sachant que les statuts de la Banque limitaient les mandats des Présidents à deux. Selon l'Accord portant création de la Banque africaine de développement, le Président est élu pour un mandat de cinq ans renouvelables une seule fois. Babacar Ndiaye tenta de transformer son rêve d'avoir un troisième mandat supplémentaire en réalité grâce au soutien de ses amis et de sa famille. Il en rêvait, espérant que l'Afrique avait encore besoin de ses services à la tête de la BAD en raison du bon travail qu'il avait accompli. Pourquoi pas une hypothétique prolongation de mandat ou un troisième mandat ?

Ses relations avec le Conseil d'administration en prirent un coup dur. Les administrateurs qui lui en voulaient engagèrent le bras de fer. Babacar Ndiaye fit face à un Conseil d'administration qui commençait à lui être hostile. Il était désormais seul face à son destin professionnel. Ses amis semblaient l'avoir lâché à l'exception du cercle familial très restreint. Durant cette période, ses amis faisaient profil bas, de crainte de subir le courroux des administrateurs. L'administrateur le plus féroce dans la bataille contre Babacar Ndiaye était Africain et avait passé plus de 20 ans au poste d'administrateur au sein de l'institution. Il avait eu le temps de se constituer un réseau influent, avec un groupe d'hommes et de femmes qu'il pouvait à tout moment mettre sur le dos du Président Babacar Ndiaye. Rien ne légitimait sa longévité au poste d'administrateur, si ce ne fut l'appât du gain et la faiblesse des structures de gouvernance de l'époque.

Babacar Ndiaye, fort du soutien de quelques Chefs d'État et de gouvernement, ainsi que des marchés financiers internationaux, affichait une détermination d'aller de l'avant. Rien ne justifiait la volonté aveugle du Président Babacar Ndiaye de se maintenir à la tête de la BAD. Nul ne sut quelle mouche l'avait piqué. Ce fut alors une levée de boucliers contre lui au sein de l'institution et au niveau des capitales aussi bien africaines qu'occidentales. Ses adversaires tentèrent de le pousser à la porte avant la fin de son mandat. Certains administrateurs décidèrent de le débarquer aux assemblées annuelles de la Banque africaine de développement qui se tinrent à Nairobi en 1994.

4.3 Fronde contre un troisième mandat

Les assemblées annuelles de la Banque africaine de développement tenues à Nairobi en 1994 marquèrent un tournant décisif dans la crise qui opposait le Président Babacar Ndiaye à son Conseil d'administration. J'étais présent à Nairobi. J'avais participé aux assemblées annuelles en qualité d'observateur. Nous y avions tenu, en marge des assemblées annuelles, une réunion de l'Association africaine de capital risque dont j'étais membre fondateur. Au cours de ces assises de Nairobi, le Conseil d'administration avait invité le Conseil des Gouverneurs de la Banque à examiner la proposition de démettre le Président Babacar Ndiaye de ses fonctions.

Le dossier fut examiné avec la plus grande délicatesse par le Conseil des Gouverneurs qui, au lieu de démettre Babacar Ndiaye, prit la décision de renforcer les textes de la Banque afin de protéger l'Institution des turpitudes des organes de direction. La solidité d'une institution repose en partie sur ses organes de gouvernance interne. Les pouvoirs souvent concentrés entre les mains de la haute direction présentent d'importants risques de déstabilisation.

À Nairobi, il n'y eut ni vainqueur ni vaincu ; le Conseil des Gouverneurs de la Banque décida de procéder à l'équilibre des forces internes au sein de la direction. Le compromis historique qui fut obtenu à Nairobi instaura un climat de confiance. Ce compromis qui sortit Babacar Ndiaye des gongs du Conseil d'administration renforça les pouvoirs du Président qui ne pouvait plus être démis par le Conseil d'administration. Le compromis affaiblit du même coup le pouvoir du Conseil d'administration et instaura une cohabitation qui assure jusqu'à présent le bon fonctionnement de la Banque. La possibilité d'un « vote de défiance » par le Conseil d'administration fut supprimée des textes. Avec le recul, quelle aurait été la conséquence pour le président actuel Adesina, si une telle disposition n'avait pas été prise à Nairobi ?

Cette période fut très dure à supporter par le Président Babacar Ndiaye. Son entourage en avait aussi souffert, à tel point qu'à la suite du dénouement heureux de la crise à Nairobi, une membre du personnel de la Banque qui marchait à côté de Babacar Ndiaye juste à ma gauche, alors que nous traversions la passerelle du Centre de conférences de Nairobi, salua son héros du jour en ces termes : « *L'eau aura coulé sous le pont. Tu t'en es sorti victorieux comme un lion* ». Pour cette dernière, le Président Babacar Ndiaye venait de gagner la bataille engagée contre le Conseil d'administration. Le Président Ndiaye allait finir son mandat, malgré la volonté de le démettre, affichée par le Conseil d'administration. Non seulement le Président Babacar Ndiaye avait conservé son poste, mais son pouvoir exécutif semblait ainsi renforcé.

Fort de ce succès remporté à Nairobi, Babacar Ndiaye poursuivit son rêve de prolonger son mandat. Dans sa tentative presque vouée à l'échec de briguer un mandat supplémentaire, il ne parvint pas à rallier le soutien de son pays, encore moins celui des pays membres non régionaux qui l'avaient toujours soutenu. Le Président Abdou Diouf s'y était fermement opposé.

Pourquoi les Chefs africains entourés souvent de laudateurs et de conseillers de tous acabits ne s'imprégneraient-ils pas des valeurs démocratiques de nos sociétés traditionnelles africaines ? Babacar Ndiaye aurait pu s'inspirer de la tradition démocratique sénégalaise. En bon produit de grands royaumes, il aurait pu suivre l'exemple des vaillants héros du Jolof, du Wasilu, du Salum et du Kajoor[59].

L'Afrique traditionnelle était riche d'enseignements sur la démocratie. En 1236, Soundiata Keita, après avoir vaincu Soumangourou Kanté, roi et chef de guerre intrépide qui régnait sans partage sur l'empire du mandingue, avait attendu le Conseil des douze autres rois du Mandingue pour le nommer Empereur. Or, aujourd'hui, les pays considérés comme les plus démocratiques au monde imposent leur loi aux plus faibles. Sans procès, les États-Unis ont vaincu l'Irak. La France, la Libye.

La démocratie sénégalaise, tant louée dans le monde, est héritée des sociétés traditionnelles. Par exemple, dans la société traditionnelle du Royaume du Kajoor qui couvrait l'actuelle région de Thiès jusqu'aux limites du Cap Vert, le roi Daw Demba Faal fut évincé en 1554, suite à la décision du Conseil des chefs traditionnels de le destituer[60].

Pour le Sénégal, ç'aurait été une gageure que de se rallier à l'idée du Président Babacar Ndiaye en le soutenant pour briguer un troisième mandat. Mais face à la sourde oreille du Président Abdou Diouf, Babacar Ndiaye aurait cherché le soutien du Président Omar Bongo Odimba du Gabon. Abdou Diouf s'en offusqua parce que n'ayant pas trouvé élégante la démarche de Babacar Ndiaye. Pourquoi donc Babacar Ndiaye avait-il sous-estimé la position de son pays au point de solliciter le soutien du Gabon ? Quelle que fût la raison, son attitude précipita sa descente aux enfers, parce qu'il perdit le soutien du Président Abdou Diouf avec lequel les relations s'étaient refroidies.

---

[59] Sur ce point, lire Magatte Wade, « Un épisode de l'épopée du Cayor : la bataille de Dékhelé », mémoire de maîtrise de Lettres modernes, Université de Dakar, 1980.

[60] À cette époque, il suffisait de battre un tambour appelé « Njin » pour informer le roi de la décision du Conseil des sages de le démettre du pouvoir. Dès qu'il entendait les battements du tambour, il se devait d'abdiquer. Point de violence ou de débats puérils. Cette disposition, qui a longtemps régi le fonctionnement du pouvoir au Kajoor, constitue un des piliers de la démocratie sénégalaise.

Une fronde sans précédent se déclencha au sein de la Banque contre le Président Babacar Ndiaye. La fronde était dirigée par des hommes du sérail avec à leur tête des administrateurs, des frustrés et un des compatriotes du Président Ndiaye. Pourtant, son compatriote, qui rejoignit la Banque dès l'élection de Babacar Ndiaye, lui devait presque tout de sa fulgurante carrière. En dépit de tout cela, il décida de mener la fronde contre son mentor. Ce haut cadre sénégalais, que l'on disait cousin du Président Abdou Diouf, était arrivé à la Banque en qualité de directeur de cabinet du Président Babacar Ndiaye. Il fut son proche collaborateur et homme de confiance. Il était au fil du temps devenu le frère et l'ami du Président, mais c'était sans compter avec son ambition débordante de tout contrôler, y compris les faits et gestes du Président Ndiaye.

Ses camarades d'enfance le décrivaient comme un être singulier et rusé, donnant toujours l'impression d'être totalement libre, extraordinaire et sûr de lui. Il ne pardonna pas au Président Babacar Ndiaye d'avoir voulu l'écarter de son cabinet en l'affectant à Londres comme Représentant-Résident. Il avait en ce temps-là, sous l'influence soupçonnée du Président Abdou Diouf, ou par son Emissaire interposé, refusé le transfert à Londres. Il fut alors transféré aux opérations en qualité de directeur. La décision de son transfert permettait à Babacar Ndiaye de le maintenir loin de la Banque, mais aussi de prendre une autre grande décision de transfert qui consistait à sortir Maître Alioune Blondin Bèye du poste de Secrétaire général pour lui confier la direction du département juridique. Ce transfert était considéré comme une descente aux enfers par l'ancien ministre des Affaires étrangères du Mali qui fut un des ténors de la diplomatie africaine. Son ambition débordante et son leadership posaient problème aux dirigeants du Mali, qui le soupçonnaient d'avoir des ambitions présidentielles. Rien d'autre ne pouvait expliquer la décision prise en ce temps-là par Babacar Ndiaye.

Le recrutement d'Alioune Blondin Bèye à la Banque africaine de développement avait donné une meilleure lisibilité à la vision de Babacar Ndiaye. En recrutant un diplomate de la trempe d'Alioune Blondin Bèye au poste de Secrétaire général, la Banque africaine de développement donnait une dimension hautement politique à son action. Maître Alioune Blondin Bèye réussit bien sa mission, mais son activisme et son ambition débordante finirent par faire des jaloux à Bamako et ailleurs. L'homme avait du talent de négociateur et une notoriété internationale.

Me Alioune Blondin Bèye était devenu un confident et un ami à Babacar Ndiaye. Ce dernier comptait beaucoup sur lui pour le succès de sa mission. J'ai côtoyé l'homme Bèye au moment où je travaillais aux services de l'information et des relations publiques rattachés au Secrétariat général. Homme d'État et de conviction, Alioune Blondin Bèye avait la force de ses arguments. Il affichait toujours une bonhomie et rassurait ses collègues. C'était un homme franc, qui savait jouer cartes sur table. Il parlait sans détour. J'avais de temps en temps de longues discussions avec lui dans son bureau. Attentif, il avait une grande capacité d'écoute et aimait partager sa vision panafricaine très engagée.

Quelques mois après avoir été écarté du poste de Secrétaire général de la Banque africaine de développement par le frère Babacar Ndiaye, Alioune Blondin Bèye quitta la BAD et rejoignit l'Organisation des Nations unies en qualité de Sous-Secrétaire général médiateur dans le conflit angolais. Son recrutement aux Nations Unies fut un cas d'école. En effet, Alioune Blondin Bèye fut le premier cadre de haut niveau de la Banque africaine de développement à être appelé par le Secrétaire général des Nations Unies pour occuper un poste de cette envergure. En sa qualité de diplomate aguerri aux problèmes africains, il exerça avec brio sa mission en Angola. La mort le surprendra lors d'une mission dans l'explosion en plein vol de l'avion affrété par les Nations Unies qu'il avait emprunté pour se rendre successivement à Lomé (Togo) et Abidjan (Côte d'Ivoire). L'avion avait quitté l'Angola la veille et passa la nuit à Lomé avant de poursuivre le lendemain son itinéraire sur Abidjan. L'explosion de l'avion sous commandement des Nations Unies a eu lieu au-dessus du village d'Anono, aux alentours de la ville d'Abidjan. Cet accident, qui provoqua la mort d'Alioune Blondin Bèye, resta une énigme. Les résultats des enquêtes ne furent jamais publiés.

Selon son épouse que j'avais reçue en audience quelques années plus tard dans mes bureaux de l'Association des institutions africaines de développement, la famille n'avait jamais reçu un quelconque rapport sur les causes de l'accident. Le Sénégal avait perdu dans l'accident Matar Gueye, un de ses fils, qui travaillait aux Nations unies et qui était le conseiller en communication de Me Alioune Blondin Bèye.

Le Président Babacar Ndiaye était un gentleman charismatique qui affichait toujours la joie de vivre. Très sensible au protocole, Babacar Ndiaye était un homme élégant et courtois. Ses défauts n'étaient perceptibles qu'à travers le prisme déformant de sa double appartenance socioculturelle. Il alliait l'exubérance sénégalaise à la joie de vivre guinéenne. Babacar Ndiaye a grandi en Guinée. Fortement enraciné dans la culture soussou, il fit ses études primaires et secondaires à Conakry. Son métissage biologique a eu un fort impact sur sa vie et sa carrière.

4.4 Bilan honorable et fin peu glorieuse

L'homme qui voulut entrer à la BAD comme Guinéen vit son destin lui imposer le choix de sa deuxième nationalité sénégalaise. Babacar Ndiaye n'en porta pas un complexe. Il vivait sur le plan identitaire entre l'acceptation et le refus de soi. Cette dualité identitaire faisait toute la complexité de l'homme. Entre le Sénégal qui lui permit d'accéder à l'emploi au sein de la BAD d'une part et la Guinée qui finança ses études d'autre part, son moi vacillait parfois. Le Président Babacar Ndiaye était souvent appelé à répondre à une double exigence : celle de la gratitude au Sénégal, très fier de son succès, et celle de l'ingratitude vis-à-vis de la Guinée qui estimait que l'enfant prodige devait renvoyer l'ascenseur au pays qui avait financé ses études à l'École des hautes études commerciales de Bordeaux. Cette rupture existentielle du moi de Babacar Ndiaye se déroulait dans l'antre sénégalo-guinéen, marqué du sceau de l'amitié des peuples.

La délicate position du Président Babacar Ndiaye au sein de la prestigieuse Banque africaine de développement ne manquait pas de le confondre dans bien des situations dans cette crise identitaire, Babacar Ndiaye affirmait souvent :

> « ... *je crois en l'Afrique. Mon itinéraire personnel m'a souvent placé à la croisée des chemins. J'ai la chance d'être un métis au sens culturel du terme, en me sentant comme un mutant, quelqu'un d'ouvert. J'ai eu la chance d'entendre l'appel de l'Afrique, qui continue de résonner en moi comme un chant pluriel traduisant bien la diversité culturelle des peuples et des cultures de notre continent. Un peu à l'image d'un pagne, d'un seul tenant, mais riche de ses teintes et tons divers* ... »[61]

Face à un tel déchirement identitaire entre ses deux pays qui s'accentuait au sein de la Banque, Babacar Ndiaye prit ses distances. Il fit le choix d'être indépendant entre les communautés guinéenne et sénégalaise pour ne pas faire de jaloux. Il cessa même de prendre part aux différentes cérémonies, fustigeant ainsi le nationalisme étriqué et le chauvinisme des uns et des autres. Chacune des deux communautés revendiquait l'appartenance du Président Babacar Ndiaye à son pays. Ce fut la guerre d'influence pour le contrôle de l'exécutif de la Banque africaine de développement. Face à une telle situation, Babacar disait à qui voulait l'entendre que « *sa Patrie était l'Afrique ; et sa mission, la servir* ».

Néanmoins, Babacar Ndiaye était entouré d'un groupuscule dont les plus influents, en dehors de son épouse, étaient des Sénégalais. Son épouse d'origine guinéenne était naturellement la tête de pont de la communauté guinéenne. La rivalité sénégalo-guinéenne pour le contrôle de la proximité du Président fut la

[61] Babacar Ndiaye, Allocution au cours de la célébration du 40e anniversaire de la BAD, Tunis 2005.

première chose qui me frappa dès mon arrivée à la BAD en 1988 en qualité de stagiaire. Cette rivalité finit par installer un climat malsain au sein du cabinet de Babacar Ndiaye. L'influence de son épouse était naturellement plus perceptible. Son épouse, Marly Bâ, une Peule de la Guinée, était une femme que l'on décrivait d'esprit et de témérité. Elle avait une formation en finances. Elle avait occupé des fonctions au sein de la Banque mondiale à Washington avant de rejoindre la Banque africaine de développement au moment où Babacar Ndiaye était encore Vice-président.

Dès que Babacar Ndiaye fut élu Président de la Banque africaine de développement, Marly Ndiaye prit des congés spéciaux pour laisser les coudées franches à son époux. Mais elle dut revenir aux affaires au cours du second mandat, prétextant de son expertise et du fait qu'elle était à la Banque africaine de développement bien avant l'accession de son mari à la présidence de l'institution. Elle finit par signer son retour aux affaires.

Babacar Ndiaye était un homme de vision. Pragmatique et rusé, il dirigea la Banque africaine de développement avec un esprit ouvert, empreint d'humilité et de cordialité envers ses collaborateurs et ses parents. Il prenait presque toujours l'ascenseur avec le personnel qu'il continuait de tutoyer. Il aimait les blagues pour rire avec les gens de son entourage. Il était un homme détendu, accepté et respecté. Le personnel de soutien, à savoir les plantons et les femmes de ménage, l'admirait à cause de sa simplicité. Je me souviens d'un planton de nos services de communication, M. Loubao, recruté à la BAD la même année que Babacar Ndiaye, qui se plaisait à le rencontrer dans les couloirs ; car à chaque rencontre, le Président lui tendait la main et prononçait son nom. En vrai leader, il tirait toujours le meilleur de ses collaborateurs. Son secret résidait dans sa capacité à développer une culture d'appropriation de la Banque par le personnel. Ce qui lui parut tout à fait normal, parce qu'étant lui-même un pur produit de l'institution.

Le contrat de confiance qui liait Babacar Ndiaye au personnel de la Banque dura tout le long de son premier mandat. Au cours de son second mandat, ce contrat fut vite rompu avec le retour de sa femme aux affaires. En revenant occuper les postes de chef de la coopération, puis de directrice adjointe de la trésorerie, l'épouse du Président Babacar Ndiaye se trouvait au centre des opérations sensibles de la BAD. Pour éviter les conflits d'intérêts, des administrateurs non régionaux avaient exigé que l'épouse du Président soit écartée des affaires de la Banque. Femme et argent se mêlant, le Président Babacar Ndiaye fit face à une fronde quasi généralisée de la part du personnel. Du jamais vu ! Il y eut beaucoup de pression sur Babacar Ndiaye pour mettre son épouse en congé. Rien n'y fit. Elle ne céda pas également. Le bras de fer s'engagea alors. Babacar Ndiaye commença à se défendre comme un cheval au rodéo en faisant des ruades et des cabrioles incompréhensibles. Il donna même des coups de boutoir à ceux qui semblaient l'agacer avec le sujet. Son épouse, quant à elle, mit au point sa recette. Koffi Bucknor, le trésorier ghanéen, réputé être un ami du Président Babacar Ndiaye, commença à se sentir à l'étroit à cause de l'épouse du Président. Des tracts circulèrent au sein de la Banque africaine de développement et même dans la ville d'Abidjan dénonçant le népotisme du Président Babacar Ndiaye. Les tracts réclamèrent le départ de son épouse Marly Ndiaye de la Banque. Elle ne se laissa pas faire ni ne laissa faire son mari. Elle se défendit, arguant qu'elle fut une fonctionnaire de la Banque avant que son mari n'en devînt Président. De surcroît, elle estimait qu'elle avait été formée pour travailler et non pour rester à la maison.

L'épreuve décisive de force s'engagea. L'étau se resserra autour du couple Ndiaye, à tel point que le Président Babacar Ndiaye convoqua une assemblée du personnel au rez-de-chaussée du Siège de la Banque pour s'expliquer. Au cours de cette réunion à laquelle j'avais assisté, il fit référence aux supputations et accusations que le personnel et le Conseil d'administration portaient sur son épouse et sur sa personne. « *Ils vont même,* disait-il, *jusqu'à s'attaquer à ma femme, la pauvre Marly ? Je voudrais,* poursuivit-il, *que l'on me dise dans cette Banque qui est meilleur que ma femme. Dites-le-moi et je la démets de ses fonctions, im-mé-diate-ment* », lança le Président Babacar Ndiaye à un public médusé.

L'homme était un tribun hors pair doublé d'un fin psychologue. Il connaissait certainement les auteurs des tracts, pour avoir grandi sous le harnais au sein de la Banque. Nul ne réagit au défi qu'il lança lors de cette réunion mémorable. Il fit pitié. Il crut avoir remis les pendules à l'heure. Mais le même jour, juste après la réunion, de nouveaux tracts circulèrent comme pour lui porter le coup de grâce. Jamais autant de tracts n'avaient circulé auparavant au sein de la Banque africaine de développement. Les tracts furent encouragés par une partie de la haute direction et des membres du Conseil d'administration. La pression sur Babacar Ndiaye s'accentua avec le ralliement des membres du dernier précarré contre le parrain. Le Président Babacar Ndiaye rusa et tint la barre en eaux troubles.

Babacar Ndiaye eut une vision de l'Afrique qu'il hérita très jeune d'un père migrant, d'une mère militante, fortement marquée par le panafricanisme militant du Président Ahmed Sékou Touré. Tous les jeunes de la génération de Ndiaye gardèrent en mémoire les discours-fleuve du Président Ahmed Sékou Touré. Babacar Ndiaye sut, dès son accession à la Présidence de la Banque africaine de développement, qu'il était investi de la mission de donner à l'Afrique une autre chance de se développer et de prendre son destin en main.

Son ambition panafricaine le poussa à rechercher les projets les plus ambitieux que beaucoup d'afro-pessimistes eurent vite considérés d'éléphants blancs. Au nombre de ces projets figurait celui de l'organisation régionale de la communication par satellite (RASCOM) », destiné au lancement d'un satellite africain pour assurer l'indépendance du continent en matière de communication ; il y eut la Table ronde des hommes d'affaires d'Afrique (ABR) qui suscita dès sa création beaucoup d'espoir. Les premiers membres très actifs de la Table ronde, des hommes et des femmes d'affaires d'Afrique, furent des opérateurs économiques partageant la Vision et l'envie de gagner du Président Babacar Ndiaye. Ces derniers devinrent très vite un club partageant les mêmes valeurs libérales que le Président de la BAD. Dans la mesure où ces membres de la Table ronde pilotaient des entreprises au moment où la BAD lançait les opérations de son secteur privé, Babacar Ndiaye eut très vite des démêlées avec certains d'entre eux. La BAD avait fait le choix de financer des projets de certains membres de la Table ronde, mais le succès fut très mitigé au départ. Le projet de pêche aux crevettes du Cameroun et le sel iodé du Sénégal furent des échecs notoires.

Le Président Babacar Ndiaye mit sur pied le « Comité des sages » destiné à associer à la réflexion stratégique de la Banque africaine de développement, des hommes et des femmes ayant une expérience internationale reconnue et incarnant la sagesse africaine.

La vision panafricaniste de Babacar Ndiaye recoupait celle des pères fondateurs de la Banque africaine de développement. Cette convergence servit de levain à son action. La dimension intellectuelle de l'homme lui permit de s'imprégner des grands courants contemporains de pensées. Il lança une étude visant à revitaliser la Banque confrontée à une crise structurelle et budgétaire, avec un portefeuille malsain et un effectif inadapté. Le Conseil d'administration, estimant que l'institution ne se concentrait pas suffisamment sur ses objectifs et priorités, apporta tout son soutien au Président Babacar Ndiaye dans l'exercice de restructuration de la Banque. L'étude de restructuration de la BAD fut lancée par un consultant du nom de Knox. Le rapport qui porta son nom — Rapport Knox — fit sensation dans les capitales. Il remua l'institution et fit l'objet de nombreux commentaires et interprétations.

Bien que conduite sous sa direction, le Président Babacar Ndiaye refusa de mettre en œuvre les conclusions du Rapport Knox au moment où il terminait son mandat. Fin politicien, il ne voulait certainement pas perdre le capital de sympathie qu'il avait acquis auprès du personnel au cours de sa carrière ; car, le fameux Rapport Knox proposait à la Banque de se libérer des « bois morts » et de réduire la taille du personnel, de rationaliser les postes afin de réduire les lourdes charges du personnel. Knox avait dans ce sens proposé que des pools d'experts puissent partager la même secrétaire parce qu'il considérait qu'il y avait trop de personnel de soutien au sein de la Banque.

Babacar Ndiaye laissa à son successeur Omar Kabbaj le soin de mettre en œuvre les recommandations du Rapport Knox et de conduire l'ingrate et délicate mission de se séparer d'un bon nombre de membres du personnel. La qualité de l'étude et la transparence des tests organisés pour sélectionner les postes et les profils devant les occuper furent remises en cause non seulement par ceux qui quittèrent la BAD malgré eux, mais surtout par quelques-uns qui y restèrent. Les critiques les plus sévères affirmèrent que Babacar Ndiaye avait sacrifié ses collègues sur un plateau d'or.

L'étude de restructuration de la Banque lancée sous la présidence de Babacar Ndiaye et dont la mise en œuvre était laissée aux bons soins de son successeur entraîna le départ de plusieurs membres du personnel. La majorité des membres de ce personnel fut injustement qualifiée de « bois morts ».

Avec le Rapport Knox, ce fut une fin pas très reluisante pour Babacar Ndiaye, le bien-aimé du personnel. Babacar Ndiaye termina ainsi son mandat sur la note d'un échec personnel. Au moment où il songeait à un troisième mandat, son entourage se divisa en deux camps. Les hésitations de quitter la Banque ou de songer à un troisième mandat qui finit par affecter le leadership du maestro tant adulé. Il apprit à ses dépens son manque de réalisme politique. Ses hésitations étaient certainement justifiées par la rançon du succès. Il finit par accepter la voix du sort et quitta la présidence de la Banque africaine de développement sur la pointe des pieds à la fin de son second mandat. Omar Kabbaj fut élu à Abidjan en remplacement de Babacar Ndiaye.

Par respect pour sa mémoire, nous ne reviendrons pas sur les détails de ses dernières négociations avec le gouvernement ivoirien pour l'obtention d'une résidence locale ni sur ses déboires avec le Président Abdoulaye Wade, qui le nomma Conseiller spécial avant de le mettre en veilleuse. En 1995, il est élevé au rang de Président d'honneur de la Banque africaine de développement. Babacar est décédé le 13 juillet 2017 à Dakar.

Chapitre 5

La décennie de Omar Kabbaj (1995-2005)

Omar Kabbaj, le Marocain, a été élu en 1995 à Abidjan à la suite des élections mémorables dans les annales de la Banque africaine de développement, en raison de nombreux ballottages. Les élections de 1995 enregistrèrent les candidatures du Nigeria avec M. Abdulai, alors Secrétaire général du Fonds de l'Organisation des pays exportateurs de pétrole (OPEP), du Maroc avec Omar Kabbaj alors Administrateur auprès du Fonds monétaire international, du Lesotho avec Timothe Tahane, ministre des Finances, et de la Mauritanie, avec Ahmed Salem Ould Lekhal, ministre des Affaires étrangères. Ce chapitre revient sur sa première élection et sur sa réélection, ses traits de caractère à la fois atypique et peu convenant, ainsi que sur son orthodoxie, sa tendance à contrôler sa communication et à son souci d'approfondir les réformes tout en arrimant la BAD sur la locomotive de la Banque mondiale.

5.1 Élection très disputée et à fond les réformes

Les élections débutèrent à Abuja (Nigeria) et ne furent pas couronnées de succès. À Abuja, aucun candidat n'avait pas pu se faire élire malgré le retrait de la candidature mauritanienne et la volonté affichée des Africains de trouver un candidat consensuel. Les élections furent alors reportées à Abidjan, trois mois après celles organisées au Nigeria pour départager les candidats restés en lice à savoir les candidats du Maroc et du Nigeria.

Les observateurs avertis furent d'avis que la candidature du Nigeria fut la meilleure. Mais le Nigeria avec le Président Sani Abacha ne parvenait pas à convaincre les actionnaires non régionaux. Toutes les dispositions semblaient prises pour barrer la route au Nigeria. Le Nigeria qui s'était opposé farouchement à l'ouverture du capital de la Banque africaine de développement aux pays non régionaux n'inspirait pas confiance à ces derniers. Son attachement à l'africanité de la Banque suscitait plus de crainte que la gouvernance économique. L'opposition au candidat du Nigeria était donc politique.

Au bout d'une course jamais égalée dans l'histoire des élections de Président de la Banque africaine de développement, Omar Kabbaj et Timothe Tahane arrivèrent en tête à la faveur du retrait du candidat du Nigeria au profit du Maroc. Omar Kabbaj finit par l'emporter et fut élu Président de la Banque africaine de développement. Mal élu, cela importait peu. Dès sa prise de fonction, le Président Omar Kabbaj bénéficiait d'un environnement favorable avec l'étude de restructuration préparée sous son prédécesseur. Il eut ainsi l'opportunité de se débarrasser non seulement des « bois morts », mais aussi de ceux qui auraient pu gêner son administration. Le Président Omar Kabbaj mit en chantier les recommandations du Rapport Knox dans un contexte particulièrement difficile à cause des personnes qui allaient perdre leur emploi ou être rétrogradées. En homme ingénieux, il disposa très vite de la force nécessaire pour résister aux pressions internes et externes de la Banque.

Le Président Omar Kabbaj se fit entourer de gens triés sur le volet et dont bon nombre d'entre eux avaient contribué de près ou de loin à la préparation du Rapport Knox. Ses choix portaient sur des personnes à l'expertise avérée et ayant une bonne connaissance de la Banque ainsi que des méthodes de gestion du Président Babacar Ndiaye. Le premier membre du personnel auquel il fit appel fut Cheikh Fall, l'ancien directeur de cabinet du Président Babacar Ndiaye. Il lui confia, à titre intérimaire, le poste de Vice-président chargé des services institutionnels afin de lui laisser les coudées franches. Ce dernier fit à son tour appel à des gens d'expérience au nombre desquels figuraient des hommes ayant cumulé une longue expérience au sein de la BAD dont l'ex inamovible Secrétaire général Morisho Yuma. Ces derniers furent liquidés en majorité une fois la restructuration achevée.

Les lieutenants du Président Babacar Ndiaye, à l'exception de ceux dont les services étaient jugés indispensables pour la mise en œuvre des recommandations du Raport Knox, furent les premiers à être écartés. Les premiers noms à être rayés de la liste du personnel dès la prise de fonction du Président Omar Kabbaj furent Marly Ndiaye, l'épouse de Babacar Ndiaye, Georges Rigobert Aithnard, le directeur du centre de formation ami et frère de Babacar Ndiaye. Georges Aithnard et Babacar Ndiaye avaient été recrutés le même jour à la Banque africaine de développement, raison pour laquelle ils s'appelaient des jumeaux.

Le Rapport Knox recommanda l'organisation de tests de connaissances pour l'ensemble du personnel en vue de déterminer leur aptitude à occuper leurs postes au sein de la Banque. Les résultats de ces tests permirent de se débarrasser d'une bonne partie du personnel. Les proches de Babacar Ndiaye en firent les frais. Babacar Ndiaye lui-même en écopa, comme si « la bande à Babacar Ndiaye », ainsi appelée avec ironie par le Président Omar Kabbaj, avait commis le pire des forfaits.

Plusieurs fonctionnaires dégoûtés devant la mascarade de la mise en œuvre du Rapport Knox quittèrent la Banque de leur propre gré. L'ère des grandes réformes institutionnelles du Président Omar Kabbaj s'installa dans la confusion la plus totale. Le processus de sélection par les tests ne fut pas rassurant. Le cabinet canadien qui conduisit l'exercice aurait-il servi de bouc émissaire ? La restructuration ne convainquit pas le personnel de la Banque africaine de développement, encore moins les observateurs avertis. L'exercice de restructuration de la Banque africaine de développement laissa un amer goût de regret à de nombreuses familles. L'exercice était jugé impopulaire et n'avait pas bénéficié de l'adhésion du personnel. Le Président Omar Kabbaj aurait mieux conduit l'exercice s'il était mieux entouré. Ses préjugés défavorables vis-à-vis de la gestion de Babacar Ndiaye ne l'aidèrent pas à mieux faire. Il traitait son prédécesseur de tous les noms de voyou — c'était son style — allant jusqu'à l'accuser d'avoir failli détruire la Banque. Est-ce qu'il avait des comptes à régler pour un lobby étranger ou quelques groupes dont les intérêts étaient menacés par la gestion de Babacar Ndiaye ? Dans tous les cas, Omar Kabbaj voulait faire oublier l'ère Babacar Ndiaye.

5.2 Homme distant et soucieux des résultats

Le personnel de la BAD percevait le Président Omar Kabbaj comme un homme froid, introverti et inapte à conduire les changements qui s'imposaient à la Banque africaine de développement. Kabbaj eut beaucoup de mal à se mettre dans ses nouveaux habits de Président, d'où ses maladresses et ses coups de gueule répétés.

Homme de petite taille au front dégarni, le Président Omar Kabbaj, qui venait de prendre le contrôle de la Banque africaine de développement, étonnait par son style ; son mode de gestion rompait d'avec celui de son prédécesseur Babacar Ndiaye. Le personnel considérait que le nouveau Président manquait d'élégance, parce qu'il ne riait ni ne s'amusait. Pour nous qui le côtoyions assez fréquemment, Kabbaj affichait pourtant une bonhomie empreinte d'une candeur juvénile. Homme rassurant et sûr de lui, il savait, en fin psychologue, prendre ses interlocuteurs de vitesse. Les femmes de la Banque, notamment les plus acculturées, le considéraient comme un misogyne à cause de la distance qu'il aimait garder entre elles et lui. Pourtant, il leur prêtait de temps en temps une attention discrète et empreinte d'une timidité feinte. Pour les hommes, le Président était plutôt un homme arrogant. Kabbaj ne saluait pas le personnel. Il aimait garder ses distances. À force de le côtoyer, je découvris que sa réserve n'était qu'apparente. Il veillait au commandement et à la bonne exécution de ses ordres. Un ascenseur lui était toujours réservé ; c'était rare qu'il l'empruntât en compagnie du personnel. Il préférait prendre le personnel avec des pincettes et jouer la carte de la prudence. Le Président Omar Kabbaj était un personnage balzacien. Un antihéros qui utilisait la menace comme arme et la rupture comme sanction.

À sa prise de fonction, Omar Kabbaj était arrivé au siège de la Banque africaine de développement avec dans ses valises un assistant marocain assez âgé qui lui servit de chef de cabinet. Le séjour de ce dernier était de courte durée. À son départ, Kabbaj fit venir Chanel Boucher, un Canadien, pour occuper le poste de Vice-président chargé des services institutionnels. Boucher était vite devenu son bouclier et son homme de main. Il vouait au Président Omar Kabbaj beaucoup de respect. Pour lui, les intérêts d'Omar Kabbaj passaient avant ceux de l'institution. Il se souciait peu ou pas du jugement des autres. Il servit les intérêts d'Omar Kabbaj et se soucia peu de ce que le personnel pouvait bien penser de lui.

L'ombre du Président Omar Kabbaj planait sur tout ce qui bougeait au sein de la Banque. Le Vice-président Boucher gérait tous les dossiers sensibles. Il fut un serviteur dévoué, mais le personnel ne l'aimait pas, à cause de la mission ingrate que lui avait confiée le Président de l'Institution. Il fut la première personne avec lequel je dus croiser le fer dès mon retour à la Banque en 2001. Il tenait à faire écran entre le Président Kabbaj et moi en me rappelant souvent à l'ordre. J'avoue que je ne me laissais pas plier. Je revenais du poste de Secrétaire général de l'AIAFD avec une bonne référence et une bonne connaissance du fonctionnement de la Banque. Cependant, quoi que l'on ait pu dire de Boucher, il fut un véritable bouclier du Président contre un personnel traumatisé par la restructuration et par la rigueur affichée par l'homme Kabbaj dans sa gestion de la Banque.

Travailleur infatigable, le Président Omar Kabbaj était aussi un homme avec un sens élevé de sa mission. Il était rusé et ingénieux. Son dirigisme fut exécrable. Un Marocain, au cours d'un cocktail offert à l'occasion d'une rencontre internationale d'experts, lança à ceux qui parlaient du Président Omar Kabbaj : « *Méfiez-vous de lui ! C'est un sale caractère !* ». Cependant, malgré ce caractère désagréable qui le caractérisait, la gestion du Président Omar Kabbaj fut exemplaire. L'homme entreprit des réformes institutionnelles d'envergure qui ont abouti à l'assainissement du portefeuille de la Banque. Ces réformes permirent à la Banque de se repositionner grâce à l'affirmation d'une nouvelle Vision et à l'élaboration d'un nouveau Plan stratégique. 2004-2007. La nouvelle Vision du Président Omar Kabbaj s'articulait autour de la promotion d'un développement durable ayant comme base l'agriculture, le développement rural et celui des ressources humaines de qualité, l'environnement, le genre et l'intégration régionale.

En 2003 , « *The Banker* », un magazine d'informations financières basé à Londres, classait la Banque africaine de développement au 12e rang des 500 premiers établissements les plus performants sur les marchés financiers internationaux. Le Président Omar Kabbaj, ancien ministre délégué à l'incitation économique du Maroc, incita le personnel à travailler davantage. Il réussit à changer le mode de travail et à forger des mentalités nouvelles au sein de l'Institution. La Banque africaine de développement fut profondément restructurée, devenant, du coup, plus performante dans l'exécution de sa mission. Les méthodes utilisées par le Président Kabbaj furent critiquées, mais restèrent efficaces. Il parvint à réussir là où ses prédécesseurs avaient échoué.

Le Président Omar Kabbaj, par sa méthode de pousser son personnel à toujours produire et mieux produire, nous renvoyait par moments l'image du Roi Christophe des Antilles. À la différence de Christophe, qui n'offrait à son peuple que le choix des cris de détresse au fond de la fosse, le Président Omar Kabbaj avait procédé à la révision à la hausse des salaires. Ces hausses de salaire étaient guidées par les résultats du personnel, devenant du coup des incitations à la bonne performance. L'homme se crut alors fort, populaire et adulé par son personnel. Que nenni !

Dans de nombreux salons privés, ses méthodes de gestion étaient fustigées. Un jour, au cours des Assemblées annuelles de la BAD tenues à Abuja au Nigeria en 2005, je fus pour la première fois témoin de ses bourdes. Il avait besoin d'un manager très occupé à la tâche et sous la forte pression que nous vivions au cours des réunions annuelles. Kabbaj était très tendu et tenait à boucler sa déclaration à la presse. Le manager mit du temps à répondre à l'appel du Président. Ce dernier prit son téléphone, appela le manager et le traita de « salopard ».

Après le point de presse, je demandai à mon collègue comment il avait perçu le coup de fil du Président. Il me raconta qu'il faillit tomber à la renverse dans sa baignoire au moment où le Président Omar Kabbaj l'avait insulté. Cette forme de gestion par la terreur constituait pour le Président Omar Kabbaj le meilleur moyen de museler le personnel. En instaurant la terreur, loin d'inspirer le respect, le Président Omar Kabbaj instaurait le mépris et la méfiance. Il imposait un code de conduite à son personnel pour le fixer sur les objectifs prioritaires. Il lui arrivait de vociférer en pleine rue pour ramener son chauffeur à l'ordre ou pis, de s'en prendre à un de ses conseillers dans le hall d'un grand hôtel international. Il n'était pas patient, même pas pour bien faire. La seule personne qui parvenait à contenir ses humeurs était certainement son directeur de cabinet, Mohamed Gharbi, marocain comme lui. Grand sportif, homme discret et courtois, le Directeur de cabinet du Président Omar Kabbaj tenait bon avec un chef aussi imprévisible qu'austère. Il assumait dignement les affres de sa fonction, en essayant de satisfaire le patron et sa famille. Il fit si bien que quand il fut transféré aux opérations en qualité de Directeur, le haut fonctionnaire qui le remplaça au poste de directeur de cabinet ne tint que trois mois.

Ancien cadre à la Société financière internationale, le successeur de Mohamed Gharbi avait un bon parchemin professionnel. Plusieurs de ses anciens collègues se demandèrent ce qui l'avait poussé à rejoindre la Banque africaine de développement pour occuper le poste de directeur de cabinet. Il aurait même refusé un poste de haut niveau dans le gouvernement de son pays. Il décida de rejoindre la BAD afin de mettre son expérience au service de l'Afrique. En Afrique, les fonctions de directeur de cabinet se confondent souvent avec celles de chef de cabinet. Le nouveau directeur de cabinet voulut se consacrer à sa mission. Au bout de trois mois, il écrivit une lettre-réquisitoire contre le Président Omar Kabbaj pour présenter sa démission. Il l'aurait même traité d'esclavagiste avant de quitter la Banque.

Le Président Omar Kabbaj était un homme très sensible à l'arabité. Cependant, il affichait une grande admiration à la civilisation occidentale. Cela en ajoutait à la complexité du personnage. Rusé comme un paysan, le Président Omar Kabbaj avait le talent d'un grand manœuvrier. Mais, quel que fût son caractère, il était un travailleur hors pair et aimait le travail bien fait. Il était un homme de dossiers. Il travaillait beaucoup à améliorer l'image de la Banque et la perception que le public en avait.

En 1995, la Banque africaine de développement eut du mal à procéder à la septième reconstitution des ressources du Fonds africain de développement (FAD VII). Au cours de la même période, une agence de notation de renommée internationale révisa à la baisse la note de crédit de la Banque africaine de développement. Cette note fut rétrogradée et passa de « AAA » à « AA ».

Kabbaj travailla dur pour faire remonter la pente à la Banque africaine de développement, secouée par les nombreuses crises africaines. Les services de la Banque étaient excités de publier les bons résultats de leur travail. Kabbaj s'y opposa, arguant qu'il fallait encore attendre de s'assurer de la durabilité des résultats obtenus. Il recommanda la prudence. Selon lui, la Banque africaine de développement n'avait pas encore de « success stories ». Devant l'engouement et l'euphorie généralisée des experts, le Président Omar Kabbaj brandit une sanction. Il exhuma une instruction présidentielle que le Président Babacar Ndiaye avait signée et qui interdisait l'accès du personnel de la Banque aux médias. À l'époque, l'instruction présidentielle était dictée par la réaction du Président Babacar Ndiaye face à une sortie sur RFI contre le régime béninois de Mathieu Kérékou opérée par un juriste, Maître Alao, membre du personnel de la Banque. Ce dernier était le Président-Fondateur de l'organisation non gouvernementale de promotion de la démocratie, communément appelé le GERDDESS. Il avait sévèrement critiqué le régime béninois sur RFI. Sous la pression des autorités du Bénin, le Président Babacar Ndiaye dut sanctionner le fonctionnaire. Il fut radié et dut quitter la Banque africaine de développement.

5.3 Une communication contrôlée et verrouillée

Kabbaj exerça un strict contrôle sur les déclarations du personnel dans la presse. Il ne fit confiance à personne, si ce ne fut à ses propres déclarations ; pas même à ses Vice-présidents, qui devaient solliciter son autorisation avant de s'adresser à la presse. Le Président Omar Kabbaj exerçait un strict contrôle sur la circulation de l'information tant à l'intérieur qu'à l'extérieur de la Banque. Il triait sur le volet les informations à diffuser et celles à mettre sous embargo.

Le Président Omar Kabbaj gérait à sa façon toutes les relations de la BAD avec la presse, surtout quand il s'agissait de la presse étrangère. Il s'adressait personnellement à la presse pour leur expliquer le travail de la Banque, de la façon qui lui paraissait la plus convenable. Ce contrôle fut d'autant plus nécessaire pour lui que les fonctionnaires de la Banque s'excitèrent devant les premiers résultats obtenus dans le cadre des réformes institutionnelles qu'il avait initiées.

Contrairement aux idées préconçues selon lesquelles le Président Omar Kabbaj n'aimait pas la presse, il faut reconnaître tout l'intérêt qu'il accordait à l'information. Seulement, il avait le souci de la rigueur dans la diffusion de l'information ; il nous invitait à trier la presse sur le volet en fonction de ses intérêts stratégiques et du poids de l'organe dans l'univers médiatique. Il s'intéressait beaucoup à la politique et à l'actualité internationale.

Il lisait tous les matins les coupures de presse que les services de la communication lui préparaient. Il scrutait chaque ligne relative à la Banque africaine de développement et comparait les journaux et les agences en relevant chaque détail du traitement qu'ils donnèrent de l'actualité politique en général. La presse lui servit de baromètre pour mesurer les progrès qu'il accomplissait par rapport aux autres institutions.

Il avait un *shadow cabinet* dont les épicentres se trouvaient à Paris et à Washington. Ce réseau constitué d'hommes de médias et de lobbyistes l'aidait à évaluer les impacts des décisions importantes qu'il devait prendre. Le Président Omar Kabbaj avait coutume de rencontrer des journalistes à l'étranger pour sonder leur opinion et réorienter ses plans de gestion. Il comptait plus sur les lobbies externes que sur ses propres services, exception faite de la gestion des crises ou des erreurs de casting ou de communication commises par la haute direction. Il ramenait souvent de ses voyages des projets et idées à tester en interne. Omar Kabbaj occupait seul le devant de la scène, non pas parce qu'il voulut se faire voir tout le temps, mais parce qu'il n'avait pas entièrement confiance à bon nombre de ses collaborateurs. Les membres de la haute direction se plaignaient tout le temps de son accaparement de tous les pouvoirs, comme s'il ne voulait pas qu'ils fussent vus ou connus. Il se suffisait comme le seul porte-parole de la Banque. Un jour où nous étions confrontés à une situation qui nécessitait une déclaration en urgence de la haute direction de la Banque, nous fîmes attendre pendant longtemps la presse. J'invitai le Vice-président des services institutionnels à faire face à la presse. Il refusa en me répondant : « *Mieux vaut laisser au Président le soin de dire les choses telles qu'il le souhaite*». Le comportement autoritaire du Président Kabbaj faisait peur au personnel.

Au fur et à mesure que les bons résultats s'accumulaient, le personnel jugea utile de lancer une communication beaucoup plus agressive. J'invitai le Président à supprimer ou à amender l'instruction présidentielle de Babacar Ndiaye afin de libérer la parole. La haute direction resta muette et la parole resta confinée dans le silence. Seule une voix ayant reçu l'autorisation de la communication ou de son supérieur hiérarchique pouvait s'exprimer sur les opérations de la Banque. L'absence d'une communication effective voulue par le Président Omar Kabbaj empêcha à la Banque d'être mieux comprise. Elle dut d'ailleurs en payer le prix lors de la crise qui secoua la Côte d'Ivoire. La Banque paya chèrement la rigidité de la direction qui eut un impact négatif sur sa crédibilité et sur ses opérations.

5.4 Alignement sur la Banque mondiale et les marchés

Sous la présidence d'Omar Kabbaj, la Banque africaine de développement s'accrochait à toutes les grandes initiatives de la Banque mondiale, avec une écoute attentive du trésor américain. Omar Kabbaj n'avait jamais voulu ramer à contre-courant. La Banque africaine de développement ne mena aucune action d'envergure dans des secteurs aussi stratégiques que la lutte contre le SIDA, le développement urbain, le paludisme et même l'éducation, qui voyait sa part d'allocation de ressources se réduire drastiquement.

L'administration du Président Omar Kabbaj amarra le wagon de la Banque africaine de développement à la locomotive de la Banque mondiale. Cependant, la majorité du personnel, y compris certains non régionaux au sein desquels des Américains, songèrent que la Banque africaine de développement devait conserver son identité et jouer le rôle de leader du développement en Afrique. Ses dirigeants devraient avoir confiance en eux-mêmes et à l'expertise de son personnel.

Avec le Président Omar Kabbaj, la direction tenta de remettre en question la notion de banque de développement au moment où l'émergence de nouveaux concepts de banques d'investissement et de banques universelles entraînait la restructuration des banques africaines de développement. La Banque africaine de développement s'orienta vers la recherche d'investissements rentables visant à consolider ses revenus nets. Le Président Omar Kabbaj décida alors de lancer une étude de restructuration des banques africaines de développement, avec l'objectif d'éliminer les non-performantes et de consolider les ressources de celles qui étaient performantes. J'étais en ce temps-là le Secrétaire général de l'Association des Institutions africaines de financement du développement (AIAFD). L'étude devait être menée conjointement par la Banque africaine de développement et l'AIAFD. L'initiative prise par Omar Kabbaj de restructurer le capital de plusieurs banques de développement du continent était salutaire, mais le projet n'aboutit pas à terme dans les délais prescrits par le Président, parce que bloqué par des membres de la haute direction. Le Président Omar Kabbaj était un homme atypique, pour un chef d'une organisation internationale. Il était plus un manager qu'un leader. Il avait le sens du service bien fait et de la méthode. Il dut sa réussite à la force de son travail et à sa détermination. Le personnel se plaignait de ses méthodes et de celles de quelques-uns de ses hommes de main, sans avoir l'opportunité de s'en référer à lui, à cause de la distance qu'il prit délibérément. Ses hommes de confiance gérèrent la Banque dans une administration parallèle faite de terreur. L'épée de Damoclès était sur toutes les têtes et les sanctions étaient souvent gratuites. Il y eut des vociférations sourdes de couloirs, des coups de gueule violents comme dans tous les régimes de terreur. Le Président Omar Kabbaj soupçonna des maladresses, des cas de fraudes et de corruption. Il fut parfois informé par des lettres anonymes. Il arrivait au Président Omar Kabbaj de dénoncer lui-même des méchancetés gratuites de la part de personnes qui lui étaient proches.

Cependant, ses méthodes n'étaient pas du goût de son personnel, habitué aux jeux des réseaux et à la manipulation. Avec Omar Kabbaj, ce fut donc une rupture d'avec ses prédécesseurs. On lui reprocha d'avoir gardé dans son entourage des gens salis par des scandales ayant porté préjudice à la Banque africaine de développement sous Babacar Ndiaye. Il nomma aussi des experts sans expérience managériale à des postes de direction. Ces derniers lui restèrent redevables. Le Président Omar Kabbaj poussa l'audace jusqu'à nommer des cadres à la haute direction au moment où il s'apprêtait à quitter la BAD.

Le Président Omar Kabbaj fut un bon technocrate, mais pas un fin diplomate, ni un bon politicien. Il fut rompu à la gestion des Conseils d'administration. Il était, en bon Marocain, un fin stratège et un négociateur hors pair. Le Président Omar Kabbaj était d'une complexité qui sied souvent aux hommes de pouvoir. Il s'opposa systématiquement à tout ce qui pouvait lui faire ombrage. Cependant, fidèle à ses convictions, il avait la force de convaincre. Intelligent et travailleur, il sut à tout moment surmonter les obstacles. Il impressionnait ses collaborateurs par le fait qu'aucun détail, fut-il le plus petit, ne lui échappait. Le Président Omar Kabbaj lisait tous les documents qu'on lui soumettait. Il prenait même le temps de vérifier les sources d'information et de demander des informations complémentaires avant de donner son avis. Il était un perfectionniste. Cette disposition agaçait ses collaborateurs. Même durant des cérémonies de réception, il prenait le temps de vérifier les derniers réglages protocolaires. Il réussit ainsi à modeler un nouveau type de fonctionnaire de la Banque africaine de développement, travailleur et discipliné. Les fonctionnaires de la Banque africaine de développement devinrent, avec le Président Omar Kabbaj, plus respectueux de leur image et de leur travail. Plus de margouillats ni de vendeurs de pierres précieuses arpentant les escaliers des locaux de la banque pour rejoindre les clients comme au temps de ses prédécesseurs. Alors que je venais de trouver un stage à la Banque en 1988, un Libano-Syrien se présenta tout d'un coup à la porte de mon bureau, me proposant d'acheter des pierres précieuses. J'en fus choqué, moi qui venais de rejoindre la plus prestigieuse institution africaine. De telles pratiques furent interdites au sein de la Banque sous le Président Omar Kabbaj. Il y eut une note circulaire très sévère qui mit en garde contre les vendeurs ambulants, la fraude, les chèques sans provision, les trafics de devises et l'indiscipline. Il était de coutume que des fonctionnaires de la Banque fussent parmi les meilleurs clients des usuriers à la rue du commerce à Abidjan. Ce fut le Président Omar Kabbaj qui mit fin à de telles pratiques, surtout aux transactions financières douteuses et à d'autres maux qui frappèrent la BAD et son personnel.

Le Président Omar Kabbaj dirigea la BAD d'une main de fer, comme il dirigea naguère la société marocaine de sucre, après un bref passage à la Banque Nationale de développement économique du Maroc. Les cadres marocains qui travaillèrent avec lui n'en gardèrent pas que de bons souvenirs. Le Président Omar Kabbaj était d'une complexité indescriptible. Il fut plus craint que respecté par son personnel. Ses sauts d'humeur étaient singuliers.

Les résultats de la Banque sous Omar Kabbaj ont renforcé la stabilité financière de l'institution et maintenu sa crédibilité sur les marchés financiers internationaux. Le soutien des actionnaires ne fit jamais défaut au Président Omar Kabbaj. La Banque était devenue un pôle d'attraction des meilleures ressources humaines au monde à cause de sa visibilité au niveau de la finance internationale et de sa grille salariale qui la hisse au niveau des meilleures banques multilatérales de développement en matière de traitement de son personnel. Les cadres non régionaux furent de plus en plus attirés vers la Banque africaine de développement ainsi que des experts de la diaspora africaine à cause des conditions incitatives mises en place. Le Président Omar Kabbaj orienta la BAD vers des investissements productifs susceptibles d'améliorer ses revenus.

Quoi qu'on ait pu dire de l'homme et de ses méthodes de gestion, le Président Omar Kabbaj a laissé derrière lui une banque saine et dotée d'une bonne crédibilité financière. La Banque laissée par le Président Omar Kabbaj était une institution financièrement solide, disposant d'importantes réserves financières.

Chapitre 6
La décennie de Donald Kaberuka (2005-2015)

L'élection de Donald Kaberuka, ministre des Finances du Rwanda en qualité de 7e Président de la Banque africaine de développement, le 21 juillet 2005 à Tunis, ouvrit des lueurs d'espoir pour la stabilité institutionnelle après tant de turbulences. À la proclamation des résultats du vote, j'étais dans la salle de conférences de l'hôtel Abou Nawas de Tunis. J'étais aussitôt monté avec le nouveau Président élu dans sa suite pour les besoins d'une déclaration à la presse qu'il fit après une cérémonie de prière avec ses compatriotes. Je fus surpris de découvrir que parmi ses fervents supporters figuraient des membres de la haute direction. Ainsi allait la vie au sein de la Banque africaine de développement, où les intérêts de promotion guidaient nombre de fonctionnaires. Les amitiés et la solidarité étaient plus de façade que de réalité, bien qu'il ait entre les fonctionnaires parfois des amours et des amitiés sincères. Après la pluie venait toujours le beau temps. Ce chapitre présente les faits marquants et les anecdotes de la décennie Kaberuka, qui avaient la mission de faire revenir la BAD de Tunis à Abidjan. Nous insisterons aussi sur les orientations politiques de sa présidence, ses préjugés sur les réseaux ouest-africains au sein de la BAD, et sur les traits de caractère de ce haut commis de l'État rwandais qui a connu une enfance difficile marquée par les tourments de la guerre civile et de l'exil.

6.1 Élire un Rwandais marqué par la guerre civile

Le Président Donald Kaberuka prit fonction le 1er septembre 2005. Sa jeunesse fut dure, parce qu'il avait quitté très jeune son pays à la suite du génocide pour suivre ses parents sur la route de l'exil. Il poursuivit ses études en Tanzanie, après, dit-on, un bref séjour en Ouganda. Avant de rejoindre la Banque africaine de développement, il avait occupé, pendant 8 ans, les fonctions de ministre des Finances dans son pays. Durant la période où il occupa le poste de ministre des Finances, le Rwanda enregistra une bonne performance et réussit à relever son économie, qui était durement affectée par la grave crise politique et sociale que le pays avait connue.

Les élections qui portèrent Donald Kaberuka à la tête de la Banque africaine de développement avaient débuté à Abuja au Nigeria au cours des assemblées annuelles ordinaires de la Banque qui s'y étaient tenues en mai 2005. Cinq candidats, dont deux hauts fonctionnaires de la Banque africaine de développement, étaient en lice sur six enregistrés, notamment ceux du Gabon, Nigeria, Zimbabwe, Cameroun, Rwanda et Ghana. Le candidat du Zimbabwe avait fini par se retirer de la course, à la suite d'une intense campagne électorale, parce qu'il s'était rendu compte que son pays essuyait un sévère revers diplomatique à cause des prises de position du Président Mugabe. Celui-ci venait de confisquer les terres des fermiers blancs.

Au premier tour des élections tenues à Abuja dans la capitale administrative du Nigeria, le candidat du Ghana, M. K. Amoakon, alors Secrétaire exécutif de la Commission économique des Nations Unies pour l'Afrique (CEA), fut éliminé. Le Camerounais Théodore Nkodo, alors Vice-président des opérations Nord-Ouest et du secteur privé de la Banque africaine de développement, fut aussi élimé au 2e tour. Au 3e tour, Casimir Oye-Mba, ancien Premier ministre gabonais, fut éliminé. Le Nigerian Ola Bisi Ogunjobi, Vice-président des opérations Est/Ouest de la Banque africaine de développement, et le Rwandais Donald Kaberuka, ministre des Finances de son pays, étaient restés en lice pour un quatrième tour qui ne parvint pas à les départager. Le 4e tour aboutit à un ballottage.

Le Nigeria, qui détenait plus de 9 % du nombre total des actions de la BAD, bénéficiait du soutien de la majorité des pays africains alors que le Rwandais bénéficiait du soutien inconditionnel des États-Unis d'Amérique et de la plupart des pays non africains, en plus de quelques pays africains, dont l'Afrique du Sud.

La presse nigeriane tira un trait sur ces élections du Président de la Banque africaine de développement. Elle concéda la victoire à la partie adverse rwandaise, dès lors que le géant nigerian fut incapable de remporter une victoire à domicile. « *Que doit-on espérer ailleurs si cela n'a pas été possible à Abuja ?* ». Tel fut le titre d'un quotidien nigerian au lendemain du report des élections à Tunis afin de départager les deux candidats restés en lice. La tradition a toujours voulu que le choix du pays d'accueil soit toujours le bon. Ce n'était malheureusement pas le cas avec le Nigeria.

Au cours des élections organisées à Tunis le 21 juillet 2005, après un premier tour de scrutin sanctionné par un nouveau ballottage, le Rwandais Donald Kaberuka l'emporta au deuxième tour avec, cette fois-ci, un soutien massif des pays africains. Il obtint une majorité très confortable de près de soixante-dix-huit pour cent des pouvoirs de vote.

Donald Kaberuka prit fonction le 1er septembre 2005 à Tunis. Après les cérémonies protocolaires, les réceptions, les repérages, les lettres anonymes et les audiences, le Président Kaberuka reçut enfin le personnel pour annoncer les couleurs sur la façon dont il entendait conduire les affaires de la Banque africaine de développement. Le personnel, habitué aux rumeurs et à la désinformation, attendait avec impatience les premières décisions que le nouveau Président allait prendre. Et tout d'un coup, au 49e jour de son mandat, comme si le monde s'effondrait, le Président Donald Kaberuka annonça la nomination d'un directeur de cabinet, en la personne de celui qui assumait les fonctions d'économiste en chef, un technocrate dont la nomination à un poste aussi politique surprit tout le monde.

6.2 Réformes et contraintes

Au cours d'une rencontre avec le personnel, convoqué au 50e jour de son mandat, le Président Donald Kaberuka annonça les changements importants qu'il allait opérer au sein de la Banque africaine de développement. Il informa le personnel des départs de quelques membres de la haute direction, dont un Vice-président, candidat malheureux, qui devait faire valoir ses droits à la retraite, un autre Vice-président, candidat malheureux, de deux autres Vice-présidents et, enfin, de l'inamovible et tout influent Secrétaire général.

Le Président Donald Kaberuka justifia sa décision par la nécessité d'engager les réformes institutionnelles nécessaires pour améliorer l'efficacité opérationnelle de la Banque. *« Je souhaite que les réformes que je vais engager ne soient pas assimilées à celles entreprises en 1996 avec le Rapport Knox »*, avait-il déclaré. Le personnel était habitué aux changements internes au lendemain de chaque arrivée d'un nouveau Président.

Au 50e jour du mandat de Donald Kaberuka que les panafricanistes avaient désigné comme le « Président des Américains » et qui s'en défendait tout le temps, la Banque africaine de développement avait pris un important virage. Nul ne pouvait cependant présager de l'impact de ce virage sur son fonctionnement ni anticiper sur l'avenir de la gestion du Rwandais Donald Kaberuka.

Les débuts du Président Donald Kaberuka furent difficiles parce que marqués par de nombreuses hésitations. Ces hésitations étaient causées par la grande prudence qu'il affichait avant de prendre des décisions importantes. Cependant, il avait le souci de l'efficacité et du résultat. Son pragmatisme était toujours de mise.

Kaberuka était mû à la fois par ses objectifs personnels et par ceux, très politiques, de son mentor, le Président Paul Kagame du Rwanda. Il se savait dans l'œil du cyclone ; toute erreur de sa part pouvait avoir des conséquences fâcheuses sur sa carrière après la Banque africaine de développement. Il songeait à plaire à Kigali dans toutes ses prises de décisions.

Des analystes-politologues lui avaient vite prêté l'ambition de pouvoir succéder un jour au Président Kagame. Nous étions à une époque où la communauté internationale se disait que le Président Kagame ne songeait pas à briguer un troisième mandat. Donald Kaberuka voulait se concentrer à sa mission. Il évitait les sujets portant sur la politique de son pays. Les commentaires et ambitions qu'on lui prêtait le dérangeaient énormément. Il n'aimait pas ce genre de commentaires ni le fait que la presse lui posât des questions relatives à sa vie après la Banque africaine de développement. Même s'il pouvait en nourrir l'ambition légitime, Kaberuka ne souhaitait nullement en afficher le désir. Il avait l'expérience et se forgeait la carrure d'un homme d'État. Il n'y pouvait rien, car la BAD conférait une telle carrure. Seulement, le sujet intéressait la presse d'un côté, et agaçait énormément Kaberuka de l'autre.

Donald Kaberuka se défendait à chaque interpellation par la presse d'être le candidat des non régionaux comme on voulait le lui faire admettre. La performance économique de son pays où il a servi en qualité de ministre des Finances était sa principale référence ; cela avait fortement renforcé sa crédibilité internationale. Il bénéficiait du soutien politique de son pays, ce qui allait de soi, mais aussi des pays membres non régionaux de la BAD. Le leadership international dont bénéficiait le Président

Paul Kagame était un avantage comparatif entre les mains de Kaberuka.

Le Rwanda était un pays qui commençait à forcer le respect et qui était souvent donné en exemple par les grandes puissances économiques du monde. Paul Kagame avait hérité d'un pays détruit et ruiné par le génocide. Il eut le courage et la détermination de reconstruire un État qui était aussi fragile que le Rwanda. Donald Kaberuka avait joué sa partition au cours de cette reconstruction. Fort de cette expérience, il décida de maintenir le niveau de performance atteint par la BAD et de procéder à des réformes stratégiques. Il avait aussi, au moment de sa prise de fonction, tout le soutien du Président ougandais Museweni.

Au moment de sa prise de fonction à la tête de la Banque africaine de développement, le Président Kaberuka était obsédé par l'idée que la Banque était dominée par des Ouest-Africains. Selon Kaberuka, qui avait déjà vécu à Abidjan, les Ouest-Africains comme il aimait le dire avaient le contrôle de la BAD. J'avais l'impression qu'il avait sur sa feuille de route, la mission de procéder à l'équilibre des forces au niveau du personnel en donnant du poids à l'Afrique de l'Est et à l'Afrique australe. Il se mit à recruter à outrance du personnel en provenance de l'Afrique australe et de l'Est croyant être dans son bon rôle. Je l'entendais souvent parler du lobby ouest-africain au sein de la Banque, comme si une bande de gangsters écumait la Banque africaine de développement. Ce fut une réalité dans son mental. Cela rendait souvent contestables quelques-unes de ses nominations. Il oubliait que la BAD avait son siège à Abidjan et que le personnel de soutien représentait environ le tiers de l'effectif.

6.2 Humiliation d'un Secrétaire général de la BAD

J'eus l'information que Donald Kaberuka, lors de son séjour à Abidjan en qualité d'expert à l'organisation du café-cacao, avait une folle envie d'intégrer la BAD. Il n'eut pas la chance. Ses préjugés sur les Ouest-Africains avaient des relents de goût amer. Donald Kaberuka avait séjourné à Abidjan au même moment que j'y travaillais. Quand nous nous sommes croisés à la Banque africaine de développement, nous avions entretenu des relations de respect réciproque bien qu'il fût le Chef et moi l'employé. Nous gardions une distance l'un par rapport à l'autre malgré la proximité que nous imposait le travail. Nous maintenions une distance empreinte de courtoise parce que peut-être j'étais Sénégalais et Ouest-Africain tout comme Babacar Ndiaye, l'ancien Président, ou Cheikh Ibrahima Fall, l'ancien Secrétaire général, qu'il eût débarqué aussitôt après sa prise de service, ou encore un ex-proche collaborateur du Président Omar Kabbaj. Entre le Secrétaire général Cheikh Ibrahima et le Président de la Banque africaine de développement, le torchon semblait avoir brûlé bien avant l'investiture de ce dernier. J'en sais assez pour ne pas en parler. Je fus aussi témoin de leur premier choc, le jour de l'investiture de Donald Kaberuka.

J'étais en compagnie du Cheikh Ibrahima Fall, Secrétaire général de la BAD, pour rencontrer Kaberuka, juste après son investiture. C'était à l'hôtel Abou Nawas de Tunis. Le Président Kaberuka fit attendre le Secrétaire général dont il venait d'être le nouveau patron. Ce dernier attendit longtemps, mais avec une patience de félin. J'étais dans la salle d'attente en sa compagnie. Le Secrétaire général était resté de marbre. Il ne bougeait pas. Il ne montrait aucun signe d'impatience. Il était annoncé, mais Kaberuka prenait son temps, comme s'il voulut savourer sa victoire. Je me mis à scruter le temps et à essayer de lire le moindre signe d'impatience ou d'énervement dans le comportement du Secrétaire général. Aucun signe n'apparaissait qui pouvait être assimilé à une impatience ou à un énervement. L'homme était serein, bien qu'il sût que la rencontre était décisive au niveau de ses relations avec le nouveau Président. Au bout d'une longue attente, le Président élu, Donald Kaberuka sortit du bureau qui lui était aménagé dans les salons de l'hôtel Abou Nawas. Il était en compagnie de Philibert Afrika, qui fut l'un des plus irréductibles adversaires de Cheikh Ibrahima Fall. Kaberuka sortit et fit comme si de rien n'était. Tout laissait apparaître qu'il n'avait pas envie de voir le Secrétaire général ; pourtant, ce dernier tenait à prendre contact avec lui pour lui expliquer les procédures qui devaient faire suite à son élection. Cette rencontre était une pratique de coutume.

M. Fall se leva et se dirigea vers Kaberuka. Ce dernier le bloqua et coupa court à l'entretien. Sans écouter ce que lui disait le Secrétaire général, il lui lança : « *Nous en reparlerons* ». Je sortis avec le Secrétaire général. Je me sentais frustré par l'attitude de Donald Kaberuka que je trouvais discourtois. Alors, je demandai au Secrétaire général la lecture qu'il se faisait de l'attitude de Kaberuka. Il ne répondit pas. Il marchait droit dans ses bottes vers nos bureaux à l'immeuble EPI A.

Nous continuâmes la discussion dans son bureau et je lui dis ceci : « *Je crois que le torchon a fini de brûler entre le Président Kaberuka et toi* ». Il ne dit mot. Il était sceptique en raison du pouvoir qu'il détenait en sa qualité de Secrétaire général très influent. Il avait une riche expérience de la haute direction de l'Institution.

La suite de cette rencontre mémorable fut terrible. Je ne puis affirmer que les deux hommes s'étaient déjà rencontrés ou non. Cependant, je savais qu'ils ne s'ignoraient pas. Dans ce livre, j'ai pris l'option de ne pas m'étaler sur la vie privée des gens. Le devoir de réserve m'impose également de taire une partie des témoignages reçus. Toutefois, personne ne pouvait prévoir pour la suite le dénouement de cette première rencontre entre le Secrétaire général de la BAD et Donald Kaberuka, qui venait d'être élu Président de l'Institution. Dès l'installation du Président Kaberuka, il reçut le Secrétaire général dans un contexte très tendu. La rencontre était empreinte de violence dans le verbe. Difficile à raconter, parce que la séparation entre le Secrétaire général et le Président élu de la BAD s'était faite avec violence dans le bureau de ce dernier. À la suite de cet incident, Donald Kaberuka mit fin aux fonctions du Secrétaire général.

J'avais beaucoup appris de l'homme Donald Kaberuka, de sa culture et de son pays. Je connaissais bien quelques personnes qui lui étaient proches. La vie de Donald Kaberuka a été marquée par le dur passage d'un gamin dans les camps de réfugiés en Tanzanie et en Ouganda. Il était rentré dans son pays au Rwanda à la faveur du retour des Tutsis au pouvoir. Le Rwanda avait été rudement éprouvé par le génocide qui a laissé des stigmates indélébiles dans la mémoire des hommes et des femmes de ce pays. Kaberuka était un homme qui avait subi de dures épreuves de vie de réfugié, à l'instar de nombreux autres de ses compatriotes. Les expériences personnelles qu'il a vécues l'avaient amené à adopter parfois des comportements paranoïaques, à tel point que ses collaborateurs l'avaient vite qualifié d'homme froid et singulier. J'en étais averti. Une personne qui le connaissait bien m'avait longuement parlé de l'homme et de son pays. C'était la raison pour laquelle, je ne m'en tenais qu'à l'essentiel avec lui. Je n'avais jamais cherché une grande proximité autre que celle que m'offraient les relations professionnelles, rien de plus. Le respect et la courtoisie marquaient nos relations. Je lui vouais tout le respect et le dévouement dus à son rang. Il me traitait également avec respect. Je ne me souviens pas avoir eu une seule fois un comportement irrespectueux ou coupable à son endroit. Je lui vouais respect et loyauté.

Ainsi, nos relations n'étaient pas mauvaises, même si j'avais l'intime conviction qu'il ne faisait confiance en personne, pas même à ses compatriotes qui constituaient son entourage immédiat. Cependant, nous gardions de bonnes relations professionnelles. Je ne me souviens pas une seule fois d'un écart de langage ou de comportement qu'il eut à mon endroit. Kaberuka était quelqu'un de poli et de respectueux, mais toujours sur le pied de guerre. Il ne pouvait en être autrement, en raison des leçons de survie apprises dans les camps de réfugiés en Ouganda et en Tanzanie. De tous les présidents de la BAD, Kaberuka fut celui qui connaissait peut-être le mieux le dénuement et la pauvreté. Il l'a vécu et a réussi à bâtir une *success story*. Parti de ces situations difficiles, il a réussi à franchir le cap des grandes écoles et du succès. Avant son arrivée à la tête de la Banque africaine de développement, nous avions vécu en Côte d'Ivoire au même moment et avions bon nombre de personnes que nous fréquentions sans nous connaître. Il n'était pas un homme mauvais, mais plutôt un homme à caractère spécial. J'ai l'impression qu'il me gardait constamment à l'esprit, surtout depuis qu'il avait liquidé, dès son arrivée, mon compatriote du poste de Secrétaire général de la BAD. Kaberuka ne faisait pas confiance aux Africains de l'Ouest comme il aimait à le dire, bien que l'Afrique de l'Ouest lui eût tout donné. À ses débuts, je croyais à une farce, mais que de fois n'avait-il fait allusion à la « mafia des francophones », et notamment à celle des Sénégalais ou des Ouest-Africains ?

6.3 Préparer le retour de la BAD à Abidjan

Donald Kaberuka eut la lourde tâche de préparer le retour de la Banque à Abidjan à la suite de l'élection du Président Alassane D. Ouattara. Le projet de réhabilitation du siège ou de construction d'un nouveau siège s'imposa. Le retour de la BAD à Abidjan était un des gages de la stabilité en Côte d'Ivoire. Les Ivoiriens tenaient à « *leur* » Institution, la BAD comme ils tenaient à la prunelle de leurs yeux. Ils n'avaient jamais accepté l'idée que la Banque africaine de développement déménageât dans un autre pays, notamment en Tunisie où les autorités avaient offert un siège de relocalisation temporaire. Les conditions du retour étant réunies, il fallait qu'elle retournât à son siège naturel et légal. Les plus grands chantiers de Kaberuka furent donc le projet de rénovation du siège de la Banque africaine de développement et celui de son retour en Côte d'Ivoire.

6.3.1 Rénover le siège

La rénovation du siège de la BAD fut un projet de grande envergure. L'opération avait été bien pensée, mais eut de nombreux couacs dans sa mise en œuvre. Elle fut un grand fiasco, qui avait englouti des dizaines de milliards de francs CFA. Cet échec était dû en résumé à la faiblesse de la gouvernance interne. Plusieurs experts furent cooptés pour la conduite du projet qui, en plus de la complexité technique, du coût élevé de l'investissement, avait un enjeu politique de taille. Les personnes qui en avaient la charge aussi bien du côté de la Banque africaine de développement que du côté des autorités ivoiriennes contrôlaient des enjeux qui parfois les dépassaient.

La rénovation du siège fut menée dans un imbroglio institutionnel jamais égalé dans la vie de la Banque africaine de développement. Le choix des hommes posait problème ainsi que la gestion globale par la haute direction. De telles incohérences institutionnelles sont des causes de dysfonctionnements opérationnels et organisationnels, que la Banque a souvent si chèrement payés. Le retour de la BAD à son siège fut conduit avec succès. Bien que l'opération du transfert fût un succès, le personnel dut très vite déménager au Centre du commerce international d'Abidjan (CCIA), à cause des imperfections enregistrées dans la structure du bâtiment abritant le siège. La Banque africaine de développement paya chèrement son casting d'un mauvais leadership pour mener à bon port le projet de construction du siège. La Vice-présidente qui supervisait les travaux n'avait pas beaucoup d'expérience de l'Institution, ni des hommes et de l'administration ivoirienne.

La BAD allait faire face à de nombreux contentieux qu'elle avait d'une manière ou d'une autre évacués à son départ d'Abidjan. Des négociations interminables et des tracasseries judiciaires revinrent sur le plateau. Le plus agaçant pour la BAD était de liquider le contentieux qui l'opposait à l'Ambassadeur Georges Ouegnin, l'ancien directeur du protocole du Président Félix Houphouët-Boigny. La presse en avait fait longuement écho. Sans entrer dans les détails du dossier, il convient de rappeler que la BAD avait loué des locaux dans l'immeuble Anyama collé au Siège, et qui appartenait à Georges Ouegnin. Moi-même, j'avais mon bureau dans cet immeuble. Et ce fut là que j'ai connu l'Ambassadeur, qui était un homme simple, cultivé et très courtois.

Le départ précipité d'Abidjan de la Banque africaine de développement n'avait pas donné assez de temps à la Banque pour procéder à la remise en état des locaux de M. Ouegnin. Bien que la mise à niveau ait été faite, il restait encore une partie non satisfaite selon le propriétaire. Cela fit l'objet de négociations et d'intermédiations afin de trouver une solution juste aussi bien pour la Banque que pour M Ouegnin. Selon Georges Ouegnin, la Banque ne lui avait pas donné de préavis et n'avait procédé à aucune résiliation du contrat de bail. Ce dernier profita des nombreuses bourdes de l'administration de la BAD. Il enclencha une procédure de demande de réparations. Un compromis fut enfin trouvé grâce à la médiation des autorités ivoiriennes, qui tenaient à tout prix au retour de la BAD à son siège à Abidjan.

6.3.2 Retour chaotique à Abidjan

Les délais du retour de la Banque étaient fixés ainsi que ceux de la finition des travaux de rénovation du siège. Malheureusement, la Banque dut retourner à Abidjan sans que les travaux du siège fussent achevés. Ce fut un vrai revers institutionnel pour le Président Donald Kaberuka. Il avait sanctionné de nombreux fonctionnaires, à cause de ce retard qu'il jugeât inacceptable.

À la fin des travaux, la Banque avait largement dépassé les montants prévus pour l'investissement, à cause des caprices de la haute direction et de l'incohérence des décisions souvent prises. Pourtant, à plusieurs reprises, les experts ont dû alerter la direction sur l'impertinence de telle ou telle proposition de modification. Ils ne parvenaient guère à convaincre la Vice-présidente anglaise à laquelle la mission était confiée. Les nombreuses modifications effectuées en cours du projet avaient fait monter le niveau des investissements. La pression exercée par le gouvernement ivoirien sur la BAD pour l'amener à louer l'immeuble du centre international du commerce d'Abidjan n'a pas contribué à assouplir les conditions du retour de l'Institution à son Siège.

La réserve que m'impose la fonction que j'occupais au sein de la Banque africaine de développement m'empêche de m'étendre sur les divers manquements qui ont eu un impact négatif sur les travaux du siège. Je garderai la même réserve sur les coûts du retour de la Banque africaine de développement à son siège à Abidjan.

Chapitre 7
La BAD et la crise ivoirienne

Il y eut des crises, peut-être des crises très graves en Côte d'Ivoire. Cependant, la crise à laquelle je fais référence et sur laquelle je me penche dans ce chapitre est celle qui a conduit la Banque africaine de développement à transférer provisoirement son siège d'Abidjan à Tunis. Ce fut la plus grave crise que l'Institution panafricaine ait connue jusque-là au cours de son existence. La crise avait secoué la Banque africaine de développement, avec de graves répercussions sur son personnel, sa gestion et ses relations avec les autorités du pays hôte. Pour comprendre les turbulences qui ont secoué la Banque africaine de développement lors de cette grave crise, il est nécessaire, en dehors des aspects politiques qui sont des problèmes internes à la Côte d'Ivoire, de connaître l'affaire Ivoir'Café (1) et l'affaire du pont de Marcory (2). Par ailleurs, les conséquences de la décision du transfert des opérations de la BAD à Tunis (3) et les négociations qui ont entouré le retour de l'institution à Abidjan (4) doivent être éclairées dans ce chapitre.

7.1 La crise sur le projet Ivoir'Café

Ivoir'Café, avant de devenir l'affaire Ivoir'Café, était un projet initié par un Français d'origine asiatique du nom de Thierry Than. Je l'ai connu à l'époque du lancement de son projet. Polytechnicien de formation, il fut proche des autorités ivoiriennes. Il avait travaillé pendant de longues années en qualité d'assistant technique au ministère de l'Agriculture de Côte d'Ivoire. Cela lui permit de comprendre les enjeux du développement économique de la Côte d'Ivoire dont l'essentiel, selon le Président Houphouët-Boigny, reposait sur l'agriculture depuis la prime indépendance[62]. Le Président Houphouët n'avait

[62]Sawadogo, Abdoulaye. « La stratégie du développement de l'agriculture en Côte d'Ivoire. » *Bulletin de l'Association de géographes français* 51 415 (1974) : 87-103. Sur la crise de ce modèle et ses dégâts socioéconomiques, voir Woods, Dwayne. « The tragedy of the cocoa pod: rent-seeking, land and ethnic conflict in Ivory Coast. » *Journal of Modern African Studies* (2003): 641-655.

eu de cesse de déplorer la détérioration des termes de l'échange et invitait instamment le secteur privé à songer à la transformation des produits de base[63].

Le promoteur Thierry Than réussit à convaincre le Président Houphouët-Boigny de la nécessité de transformer son rêve en réalité, en procédant à la valorisation sur place de la production ivoirienne de café. La transformation du café ivoirien en produits semi-finis aurait augmenté sa valeur ajoutée. Il eut ainsi l'idée de monter à Abidjan une usine de transformation du café ivoirien en café soluble. Ce café serait destiné au marché international et particulièrement chinois. À l'époque du projet de Thierry Than, on connaissait peu de la Chine et de son potentiel, encore moins de ses relations avec l'Afrique. Il démontra aux autorités et à la population ivoirienne que l'usine pourrait satisfaire la forte demande du marché chinois en café soluble. Ce marché comptait près d'un milliard de consommateurs. Le Président Félix Houphouët-Boigny, qui voyait que le projet répondait à ses aspirations, soutint celui-ci. Le promoteur eut donc la confiance du Vieux, le nom que l'on donna affectueusement au Président ivoirien. Le Promoteur s'empressa de monter son projet en lançant un actionnariat populaire ; il ouvrit ainsi le capital de la société aux paysans, aux institutions et aux hommes d'affaires ivoiriens.

Le promoteur devint très vite le chouchou des Ivoiriens. Ivoir'Café fut cotée à la bourse des valeurs mobilières d'Abidjan, bien avant même le démarrage de ses activités. Cet empressement observé sous la direction de Léon Naka fut vivement critiqué par la presse, parce qu'il n'offrait pas suffisamment de garanties de transparence. Cet engouement se justifiait certainement du fait que la création d'Ivoir'Café coïncidait avec la période de la création de la bourse des valeurs mobilières d'Abidjan. Cela était-il une raison suffisante pour accorder une si grande faveur à Ivoir'Café ?

---

[63] Esso, Loesse Jacques, and Y. E. O. Nahoua. "Transformations structurelles et développement sectoriel en Côte d'Ivoire." *Cellule d'analyse de politiques économiques du CIRES* (2014).

Les paysans ivoiriens, à travers les organisations professionnelles, souscrivirent en masse au capital d'Ivoir'Café en achetant des actions. L'opération fut de charme, avec un tapage médiatique mené de main de maître par le promoteur Thierry Than. Ses passages très remarqués à la télévision avaient fini de convaincre les plus sceptiques sur la rentabilité du projet. Si on s'en tient à la puissance économique qu'affiche en ce moment la Chine, on aurait pu dire que le promoteur avait très vite raison d'orienter le marché ivoirien vers la demande chinoise.

Les plus sceptiques commencèrent à être convaincus de la pertinence du projet de Thierry Than. La Banque africaine de développement, qui venait de mettre en place son guichet de financement du secteur privé, avait fini par être convaincue de l'intérêt du projet Ivoir'Café ; d'autant qu'il fut lancé à un moment où la Côte d'Ivoire croulait sous le poids de la dette et du service de la dette. À travers son guichet du secteur privé, la BAD décida de participer au financement du projet.

Mais en 1994, deux événements majeurs allaient influer sur le projet. D'abord, la mort, le 9 décembre 1993, du Président Houphouët-Boigny, qui était considéré comme le véritable mentor du promoteur de Ivoir'Café. Ensuite, le changement à la Présidence de la BAD, avec l'élection en 1995 du Marocain Omar Kabbaj.

Henri Konan Bédié, alors Président de l'Assemblée nationale de Côte d'Ivoire, succéda au Président Houphouët-Boigny, conformément à la Constitution. En 1995, le Marocain Omar Kabbaj, comptable de son état, fut élu Président de la Banque africaine de développement. Dès son arrivée à Abidjan, le Président Kabbaj ordonna un audit des grands dossiers ayant impliqué l'engagement financier de la Banque africaine de développement. Au cours de sa campagne, la plupart des candidats décriaient la gestion de Babacar Ndiaye, jugée chaotique par une certaine presse occidentale et quelques membres du Congrès américain. Omar Kabbaj, avant son élection, était administrateur auprès du Fonds monétaire international à Washington. À ce titre, il s'intéressait déjà à tous les dossiers de la Banque africaine de développement, en particulier aux dossiers qui étaient susceptibles de ternir l'image de l'institution.

Or, le guichet du secteur privé semblait avoir de nombreux dossiers litigieux et un portefeuille qui avait besoin d'être assaini. Le dossier de la société Ivoir'Café intéressa particulièrement Omar Kabbaj. Il fut audité et le rapport était accablant. L'audit de la société Ivoir'Café aurait révélé quelques problèmes au niveau du montage financier, surtout s'agissant des engagements financiers du promoteur. Le Conseil d'administration décida alors de suspendre la participation de la Banque africaine de développement au projet, en attendant d'obtenir les compléments d'informations demandées au promoteur. Cette décision ne plut guère au promoteur et encore moins aux nombreux actionnaires, dont la plupart étaient des hommes politiques ivoiriens et des organisations paysannes inféodées politiquement. Ce fut une levée de boucliers contre la BAD et son Président Kabbaj. Selon la presse ivoirienne, la décision prise par Kabbaj de retirer la BAD du projet était un coup dur porté à l'économie ivoirienne. Cette décision fut interprétée comme une volonté de porter un coup de frein à l'élan de développement de la Côte d'Ivoire ; car le pays entendait, par ce projet, valoriser ses matières premières, notamment le café et par la suite le cacao en les transformant en matières solubles.

Les plaintes et les menaces fusèrent de toutes parts, venant des milieux d'affaires et politiques en passant par le canal de la presse. En dépit de toutes les récriminations, la BAD maintint sa décision de se retirer provisoirement du projet.

Déçu et amer, le promoteur porta plainte contre la Banque africaine de développement, qu'il accusa de vouloir faire capoter le projet. Une campagne médiatique sans précédent fut déclenchée contre la BAD. Qu'à cela ne tienne, Thierry Than perdit son procès auprès des tribunaux d'Abidjan. Il décida alors de quitter la Côte d'Ivoire et alla s'installer à Paris pour mieux mener son combat contre la BAD. Il fit appel et gagna son procès en appel. La tension que la gestion du dossier de Thierry Than créa au sein de la BAD était indescriptible. Le dossier fut géré en interne avec la plus grande précaution, sous la surveillance de la haute direction. Ce fut pourtant une décision prise en toute transparence, sans calcul démagogique ni envie de nuire au projet ou de le bloquer.

Entre temps, la Côte d'Ivoire fut secouée par une crise sociopolitique aiguë qui aboutit à un coup d'État militaire. Le Président Henri Konan Bédié fut renversé. À la suite du coup d'État, les militaires décidèrent d'organiser dans des délais très courts des élections afin de remettre le pouvoir aux civils. Le Général Robert Guei démissionna de l'armée et se porta candidat aux élections présidentielles. Le pays connut des remous intenses. Laurent Gbagbo fut déclaré Président élu de la Côte d'Ivoire.

Quelques mois après l'investiture du Président Gbagbo, Thierry Than revint à Abidjan. Ce fut une période où les relations entre la Banque africaine de développement et les autorités ivoiriennes s'étaient dégradées suite à l'appréciation que l'Institution financière avait faite de la crise ivoirienne. Très fin et connaissant bien les arcanes du pouvoir en Côte d'Ivoire, le promoteur d'Ivoir'Café mit soigneusement en place un plan de riposte contre la Banque africaine de développement. Le Président Omar Kabbaj fut indexé comme le traître qui complotait contre les intérêts de la Côte d'Ivoire. Il fallait dresser la meute contre la BAD en ciblant particulièrement son Président. La cabale contre Kabbaj orchestrée par le promoteur d'Ivoir'Café fut d'autant plus virulente que la Côte d'Ivoire avait parrainé la candidature du Marocain pour devenir Président de la BAD. Celui que la Côte d'Ivoire avait parrainé et soutenu pour devenir le Président de la Banque africaine de développement s'était, selon les dirigeants ivoiriens, mué en traître, allant jusqu'à comploter contre les intérêts du pays. Omar Kabbaj était devenu du coup le traître, l'ingrat élu à la tête de la BAD grâce à la Côte d'Ivoire. On lui reprochait d'avoir payé le pays en monnaie de singe.

De procès en procès, l'affaire Ivoir'Café était sur toutes les lèvres en Côte d'Ivoire. Quant aux paysans qui avaient acheté des actions, ils jugeaient que la Banque africaine de développement avait fait échouer le projet de transformation des matières premières de la Côte d'Ivoire. On accusa Omar Kabbaj d'avoir cédé sous la pression des multinationales parce que l'initiative ivoirienne allait à l'encontre des intérêts de ces dernières. Les grandes firmes suisses étaient indexées. La Côte d'Ivoire, qui traversait des moments difficiles, avait besoin de projets innovants dans le domaine de l'agro-industrie pour procéder à la valorisation de ses matières premières en offrant des produits semi-finis sur le marché international, au lieu de rester à la dépendance des grands groupes occidentaux. Les membres du Conseil d'administration de la Banque africaine de développement représentant les pays membres non régionaux veillent sur les intérêts de leurs mandants ; d'où la complexité des jeux d'intérêts au sein de la BAD.

Face aux rumeurs et aux attaques par presse interposée, la BAD dut répondre par une intense activité diplomatique et de communication. Jamais dans son histoire, la BAD n'avait autant pris conscience des enjeux de la communication institutionnelle comme elle le fit dans l'affaire Ivoir'Café. La direction de la Banque dut consentir à des investissements importants de communication et de lobbying pour préserver son image et défendre son intégrité. Ce ne fut pas de tout repos, ni pour le personnel ni pour la direction de la Banque. Le promoteur misait beaucoup d'énergie et certainement d'argent pour gagner la bataille de l'opinion et faire accepter son projet ou se faire payer les amendes infligées à la BAD par le tribunal de Paris. Thierry Than organisait des points et conférences de presse pour décrier la position de la BAD. Il fit tout pour convaincre de la justesse de son combat.

Au même moment, Omar Kabbaj, épuisé par les attaques qui fusaient de toutes parts contre sa personne, se souciait beaucoup de sa défense. Il laissa à son Vice-président non régional le soin de mener la bataille pour la protection de l'intégrité morale et physique de la Banque et de son personnel. Thierry Than menait son combat de main de maître, avec intelligence et tact. Le soutien des autorités ivoiriennes ne lui faisait pas défaut. Il connaissait les Ivoiriens et les coins et recoins de la Côte d'Ivoire, pour y avoir servi dans la fonction publique locale avant de se lancer dans les affaires. J'ai eu l'occasion de discuter avec lui sur son projet.

Le conflit d'Ivoir'Café opposait non pas la Côte d'Ivoire à la Banque africaine de développement, mais plutôt un opérateur économique privé à la Banque africaine de développement. Les choses tournèrent vite au vinaigre en défaveur de la Banque africaine de développement, qui dut s'accrocher à son Accord de Siège avec le Gouvernement ivoirien pour se protéger contre les décisions de justice qui menaçaient de bloquer ses comptes locaux.

Le promoteur dut bénéficier d'une bienveillance du régime ivoirien. Il avait sollicité auprès du tribunal d'Abidjan la décision de rendre exécutoire la décision de justice du tribunal de Paris. Mais bien que fort de son Accord de Siège avec le gouvernement de Côte d'Ivoire, la direction de la BAD décida, par prudence, d'anticiper sur les événements. Elle prit de court le promoteur.

Cependant, dans une déclaration à la presse, le Président Omar Kabbaj avait jeté un pavé dans la marre en traitant la justice ivoirienne de corrompue, suite à une décision de justice rendue contre la Banque. La crise fut vive. Au cours d'une conférence de presse que j'ai moi-même modérée au siège de l'institution, le Président Kabbaj menaça de quitter la Côte d'Ivoire si jamais la décision de justice était mise à exécution.

De procès en procès, l'affaire Ivoir'Café connut de nombreux rebondissements. Les rumeurs les plus folles relatives à Ivoir'Café coururent dans les milieux d'affaires et judiciaires en Côte d'Ivoire et à l'étranger. La crise sociopolitique qui secouait la Côte d'Ivoire s'intensifiait. Le pays était en proie à des démons de la division qui développaient des idées xénophobes et sectaires. La notion d'ivoirité était à son paroxysme, opposant ainsi les Ivoiriens. Cette idéologie identitaire visait à écarter du jeu politique des ténors du rang d'Alassane Dramane Ouattara. On lui reprochait de ne pas être un Ivoirien pur-sang.

Nonobstant la crise politique qui prenait des proportions alarmantes, la presse continua à se focaliser sur l'affaire Ivoir'Café, qui resta une épine au pied de la Banque africaine de développement. Le Président Omar Kabbaj la traîna comme une peste jusqu'à la fin de son mandat. La politisation de l'affaire Ivoir'Café, qui présentait un intérêt pour les paysans des différentes zones du pays, s'amplifiait. Elle allait des clairières du Nord, avec les producteurs de coton et d'agrumes de Marabadiassa, à Séguéla, en passant par les riziculteurs du centre autour de Gagnoa, Divo et Soubré, aux planteurs de café et cacao d'Aboisso et Abengourou qui étaient les actionnaires les plus significatifs du projet. Dans la mesure où le projet touchait directement le secteur agricole, toute la Côte d'Ivoire s'intéressait à l'affaire. Le dossier était suivi partout avec une attention soutenue. L'affaire Ivoir'Café fit vendre une certaine presse qui s'y spécialisa. Je me rappelle encore le journal *Le National* de Tape Koulou qui était parmi les plus féroces contre la BAD.

7.2 Retrait du financement du 3e pont de Marcory

Comme si la crise née de l'affaire Ivoir'Café ne suffisait pas à détériorer les relations de la BAD avec les autorités ivoiriennes, la presse y ajouta un autre dossier. C'était celui du troisième pont d'Abidjan. La BAD s'était également retirée du projet. Ce pont aujourd'hui réalisé devait l'être sur la lagune Ébrié en reliant la baie de Cocody au boulevard Giscard d'Estaing en plein cœur de la ville d'Abidjan sur la grande voie menant à l'aéroport Félix Houphouët-Boigny. Ce retrait suscita le mécontentement des autorités ivoiriennes, qui chargèrent la haute direction et son président Omar Kabbaj, jugés d'irresponsables et à la solde des pays occidentaux. À l'époque, le Vice-président, qui faisait office de patron de la Banque en l'absence d'Omar Kabbaj, était un Canadien. Le pont devant relier les quartiers de Marcory et de Cocody devait être financé dans le cadre d'un partenariat public-privé[64]. Il suscita l'intérêt du guichet du secteur privé de la Banque africaine de développement, mais à peine le dossier lancé, une entreprise française, un important partenaire stratégique du projet, décida de se retirer. Elle fut suivie par la BAD, qui cessa d'exprimer son intérêt pour le projet. Même si les raisons de la Banque africaine de développement étaient fondées, elles ne pouvaient pas l'être suffisamment pour les autorités ivoiriennes, qui venaient d'essuyer un important revers de la part de la BAD avec l'affaire Ivoir'Café.

La BAD se retira définitivement du projet. Le Gouvernement ivoirien, après de multiples tractations, essaya de faire revenir la Banque africaine de développement sur sa décision. Rien n'y fit, et le Président Omar Kabbaj fut à nouveau accusé d'avoir bloqué le projet. Les accusations portées contre le Président Kabbaj furent d'autant plus justifiées qu'il avait, semble-t-il, donné comme condition de la participation de la BAD au projet, le règlement de l'affaire Ivoir'Café. Il aurait préféré que l'affaire Ivoir'Café soit classée avant que la BAD ne s'engageât dans le financement d'un nouveau projet. Il n'y eut pas de dénouement à la crise. Au contraire, elle s'amplifia, avec beaucoup de dégâts collatéraux. Le personnel ivoirien de la BAD s'était mêlé à la danse, contrairement à leur statut de fonctionnaire à la BAD. Il se murmurait dans l'Institution que le Président Omar Kabbaj portait atteinte aux intérêts de la Côte d'Ivoire. Cela montrait à quel point ces affaires de financements manqués avaient pollué l'atmosphère non seulement dans le pays, mais aussi au sein de l'institution.

Face aux attaques répétées contre la Banque africaine de développement et son Président par la presse, à l'exception des vétérans de la plume comme je les appelais, le Président Omar Kabbaj décida de rencontrer le Président Laurent Gbagbo. Il sollicita une audience. Le Président Gbagbo aurait voulu esquiver la rencontre. Il finit par l'accepter. La rencontre entre les deux hommes fut de courte durée. Il y avait entre Kabbaj et Gbagbo une sorte d'incompatibilité d'humeur. Le courant ne

---

[64] Le pont a été finalement construit par le Président Alassane Ouattara.

passait pas. À sa sortie d'audience, Omar Kabbaj fut très déçu tant par le ton jugé discourtois que par l'accueil frontal qu'il reçut au palais présidentiel. Kabbaj était un homme sensible et poli. Il n'en fut pas moins courageux. Il fut très affecté par les accusations portées contre sa personne. À son retour de l'audience, il convoqua une réunion de direction et partagea sa déception avec son équipe.

La rencontre entre Kabbaj et Gbagbo allait donner le ton à une nouvelle campagne de dénigrement du Président de la BAD. La presse ivoirienne, avec quelques plumes peut-être pas des plus notables, continuait à prendre la Banque africaine de développement pour cible, allant même jusqu'à porter atteinte à l'honorabilité de son Président. Les services de communication et de relations extérieures de la BAD que je dirigeais à l'époque entreprirent des démarches multiples pour calmer le jeu. J'eus à effectuer de nombreuses visites de rédactions et à rencontrer des personnalités. De nombreux communiqués furent diffusés ; des points et des conférences de presse ont été organisés.

Nous avions entrepris de nombreuses missions diplomatiques, religieuses et sociales, tirant avantage de notre connaissance du pays et de ses hommes afin de rapprocher les positions. La direction de la BAD eut du mal à comprendre la position des autorités ivoiriennes. Le Président de la BAD reçut de nombreuses lettres de menaces et d'insultes. À bout de souffle, le Président Omar Kabbaj plia bagage et quitta la Côte D'Ivoire.

Il entreprit une longue mission de plus de deux mois que l'on avait vite considérée au sein de la Banque africaine de développement comme un exode professionnel. Durant cette période, le Président Omar Kabbaj entreprit de nombreuses missions d'explication et de consultation auprès des Chefs d'État et de ses avocats. Il fut éloigné pendant un moment des affaires de la Banque. Son absence d'Abidjan était devenue assez longue, à tel point que les membres du Conseil d'administration de la Banque commencèrent à s'en inquiéter. Il dirigeait la Banque par procuration, laissant les affaires aux mains du Vice-président Chanel Boucher. Ce dernier assurait l'intérim du Président empêché parce que, disait-il, en mission au service de la BAD. Le Président de la BAD dirigeait les opérations à distance, abandonnant le bateau ivre sur les berges de la lagune Ébrié. Il avait certes des raisons sur lesquelles je ne saurais m'appesantir.

La crise s'intensifiait. La presse ivoirienne attaquait le Président Omar Kabbaj. Elle le tournait en dérision et l'appelait M. El Kabbaj, en référence à son homonyme, qui était ministre des Finances du Royaume du Maroc au moment du dépôt des candidatures pour prendre les rênes de la Banque africaine de développement. La presse avait franchi le Rubicon, allant jusqu'à accuser le Président Omar Kabbaj d'avoir abusé de son homonymie avec le ministre marocain des Finances de l'époque pour se faire élire Président de la Banque africaine de développement. Il en fut blessé dans son amour-propre, même s'il lui arrivait d'en rire.

7.3 Relocalisation des opérations de la BAD à Tunis

Cette crise institutionnelle coïncidait avec les moments où la crise ivoirienne avait atteint son paroxysme. La Banque africaine de développement dut envisager la relocalisation de ses opérations en dehors de la Côte d'Ivoire. L'Institution disposait d'un plan de secours d'urgence, comme toutes les grandes entreprises modernes. La nécessité pour une entreprise de disposer d'un plan de secours d'urgence qui ne se limite pas simplement à un plan de continuité informatique fut confirmée à la suite de l'attaque du 11 septembre 2001 aux États-Unis contre le *World Trade Center,* qui abritait de nombreuses entreprises. Au lendemain de l'attaque, plusieurs entreprises qui disposaient de plans de continuité d'urgence ont pu poursuivre normalement leurs activités en dehors de la ville de New York, alors que les autres étaient clouées au sol. En plus du plan de secours d'urgence, la BAD disposait d'un plan de relocalisation de ses opérations en dehors de son siège, voire en dehors de la Côte d'Ivoire. Pour le choix de ce site de relocalisation temporaire, tout comme celui du choix du site de secours d'urgence, la BAD avait lancé un appel d'offres international en soumettant un cahier de charge à tous les pays membres régionaux.

La Banque africaine de développement disposait depuis de nombreuses années d'un plan de continuité de ses opérations en dehors de la Côte d'Ivoire. Il s'agissait pour l'Institution de se doter des moyens d'assurer le fonctionnement normal de ses activités en cas de crise majeure empêchant de se déplacer ou de travailler correctement. Les Anglo-saxons l'appellent « *Business Continuity Plan* » c'est-à-dire « Plan de continuité des affaires ».

Une étude fut lancée en vue d'examiner la possibilité de relocaliser les opérations de la Banque dans un endroit plus stable et plus propice au travail autre que la Côte d'Ivoire. Toutes les tentatives visant à s'adapter au contexte de crise de la Côte d'Ivoire furent vaines. Il était arrivé que se déplacer pour se rendre au siège, notamment pour les agents de la trésorerie, posât problème.

Une vaste opération d'information et de sensibilisation fut entreprise auprès des pays membres de la BAD ; ensuite, fut lancée une consultation pour la sélection de pays africains désireux d'accueillir le site de relocalisation des opérations de la Banque africaine de développement.

La Banque déroula alors son plan de secours d'urgence tout en poursuivant son plan de relocalisation de ses opérations en dehors de son siège statutaire d'Abidjan. Dans le cahier des charges transmis à tous les pays membres pour les sites de relocalisation temporaire et celui de secours d'urgence, douze critères étaient retenus pour l'établissement de l'Agence de relocation temporaire. Au terme de la consultation conduite par un cabinet privé, treize pays répondirent à l'appel d'offres et trois (Tunisie, Ghana et Éthiopie) retinrent l'intérêt du cabinet chargé de la sélection. Parmi les principaux critères de sélection figuraient les infrastructures de base (habitation du personnel, écoles pour les enfants du personnel, soins), la desserte aérienne, les infrastructures routières, les services publics (téléphone, eau, électricité), la sécurité et la qualité de vie. Après le dépouillement, le Conseil d'administration décida de transférer temporairement les opérations de la Banque africaine de développement à Tunis dans le cadre d'une relocalisation temporaire.

Le Gouvernement ivoirien qui suivait de très près le développement de la gestion de la crise par la Banque n'était pas surpris de la décision. La Côte d'Ivoire disposait d'un siège au Conseil d'administration de la BAD. Elle avait aussi un personnel en grand nombre au sein de l'institution. Rien ne pouvait se faire à l'abri du regard et de l'ouïe des autorités ivoiriennes ; donc, la mise en route du plan de relocalisation, quoique minutieusement préparée, n'était que secret de polichinelle. Cependant, après d'innombrables tractations destinées à empêcher le transfert des opérations de la BAD en dehors de la Côte d'Ivoire, les autorités durent se résoudre à accepter l'inacceptable, à savoir que la BAD allait déménager de la Côte d'Ivoire.

La BAD avait un système de suivi et d'analyse des risques pays qu'elle avait emprunté aux Nations Unies. Ce tableau d'évaluation des risques lui offrit un outil d'appréciation de la situation en Côte d'Ivoire. Au sein de la BAD, le personnel craignait que les autorités ivoiriennes utilisassent l'Institution comme bouclier. Cela ne rassura guère le personnel. Pourtant, la communauté internationale avait donné son aval à la relocalisation des opérations de la BAD hors de la Côte d'Ivoire.

Le traumatisme des *kalachnikovs* et des fameux escadrons de la mort finit par convaincre du bon choix de la Banque africaine de développement de relocaliser ses opérations en dehors de la Côte d'Ivoire. Le Président Omar Kabbaj décida alors de passer à la vitesse supérieure. En homme très avisé, il suivit méticuleusement l'évolution du risque dans le pays selon la notation du système des Nations Unies.

Les attaques de la presse gouvernementale rebondirent avec plus d'agressivité. Mais parmi les hommes de plume qui s'en prirent à la BAD, rares furent ceux qui eurent une grande notoriété sur la place d'Abidjan. Le sujet devint par la suite si trivial que les hommes de presse les plus respectueux des droits humains et de la déontologie de la presse s'abstinrent de s'y mêler ; ils laissèrent la voie ouverte aux jeunes pigistes jugés proches du gouvernement, à l'exception de ceux de *Fraternité Matin*. Le journal gouvernemental traitait le sujet avec beaucoup de professionnalisme. Pendant ce temps, la presse hantait le sommeil du Président Omar Kabbaj.

Beaucoup de salive et d'encre ont coulé sur cette étape importante de la vie de la Banque africaine de développement. Les rumeurs les plus folles circulèrent à propos du transfert de la Banque africaine de développement en dehors de la Côte d'Ivoire. Le personnel de l'Institution fut le dernier à être informé de la décision de relocalisation des opérations de la Banque en dehors de la Côte d'Ivoire. Le personnel ne reçut aucune information détaillée sur l'opération ; elle fut savamment menée par un groupe restreint, conduite par le Président Omar Kabbaj lui-même. Aucun membre du personnel n'en fut informé, à l'exception de ceux qui en avaient la charge. Ces derniers furent si bien instrumentalisés par la direction qu'ils se regardèrent parfois en chiens de faïence. Le Président Omar Kabbaj donnait à chaque membre du groupe chargé de la gestion du dossier de la relocalisation l'impression qu'il était le seul à détenir toute la vérité. Or, s'il y avait une seule personne qui détenait toute l'information, ce fut bien lui. Ce dossier de relocalisation de la Banque africaine de développement en dehors de la Côte d'Ivoire signa la rupture des bons procédés protocolaires entre la Banque africaine de développement et le Gouvernement de Côte d'Ivoire.

Le plan de sortie de la BAD fut bien préparé et bien ficelé ; ce fut comme un plan de guerre. Dès l'annonce de la hausse du niveau d'alerte de la phase trois à la phase quatre par les Nations Unies, la Banque, à l'instar de toutes les autres organisations du système des Nations Unies, déclencha le plan de continuité de ses opérations en France et celui de la relocalisation de ses opérations à Tunis.

Les événements s'accélérèrent. La Banque mit minutieusement son plan d'action à exécution. Je passe sous silence les détails de la stratégie de sortie d'Abidjan pour préserver la sécurité des affaires de la Banque. Au moment du déclenchement du plan d'urgence et de relocalisation de la Banque africaine de développement, le Président Omar Kabbaj était en dehors d'Abidjan. Les deux plans, notamment la relocalisation opérationnelle et la continuité des affaires furent, quoique différents, déclenchés au même moment. La Banque africaine de développement allait quitter la Côte d'Ivoire pour poursuivre sa mission en Tunisie.

Les autorités ivoiriennes suivirent avec beaucoup d'attention la préparation de la Banque africaine de développement pour sortir du pays. Beaucoup d'Ivoiriens n'en revenaient pas. C'était comme un conte de fées. À l'instar des pays organisés, la Côte d'Ivoire disposait de services de renseignement et son personnel, nombreux au sein de la Banque, suivait la préparation de la Banque africaine de développement. À bien y penser, il me venait à l'idée que c'était trop complexe pour que Kabbaj fût le seul maître du jeu.

Les Ivoiriens, à tous les niveaux, avaient un lien affectif avec la Banque africaine de développement. En dehors de la notoriété de l'Institution, les retombées économiques directes ou indirectes se chiffraient annuellement à des centaines de milliards de francs CFA.

Quitter la Côte d'Ivoire à tout prix avant que le pays ne s'embrase : telle fut la principale motivation de la haute direction de la Banque africaine de développement. Cependant, bien que décidée à partir, la BAD eut peur de l'impact de la délocalisation sur ses opérations. Elle eut aussi d'autant plus peur qu'elle n'avait pas une grande expérience en matière d'exécution d'un plan de continuité des affaires. Elle était ainsi face à son destin. La haute direction savait que la délocalisation des opérations de la Banque africaine de développement serait déterminante pour sa survie.

Au moment de sa relocalisation à Tunis, la Banque africaine de développement gérait quotidiennement plusieurs milliards de dollars sur les marchés financiers internationaux à partir de sa salle de transactions située à son Siège à Abidjan sur la rue des banques. Le risque était donc sérieux pour l'institution. Ses experts furent souvent bloqués à Abidjan ; cela affectait négativement son efficacité opérationnelle. Les experts ne parvenaient pas à effectuer les missions à cause des manifestations de rues qui bloquaient quotidiennement le trafic ; les violences des manifestations bloquaient le personnel à domicile. Il arrivait que des membres du personnel fussent conduits sous bonne escorte jusqu'à l'aéroport afin de prendre un avion. L'administration eut du mal à fonctionner correctement. Les recrutements furent ralentis et le nombre de visiteurs considérablement réduit à cause de l'insécurité.

Les troubles politiques, caractérisés par les marches et les affrontements entre militants rivaux, eurent un impact négatif sur le travail de la BAD. Des voitures appartenant même au personnel furent pillées devant le siège. Les agressions se multiplièrent à cause du climat d'insécurité. La Banque africaine de développement affina son dispositif sécuritaire. Pure coïncidence ou concours de circonstances, le Plan d'urgence fut mis au point au même moment où l'affaire Ivoir'café refit mouche dans la presse. La Banque devint alors un enjeu politique, tant pour le gouvernement du Président Laurent K. Gbagbo que pour ses opposants. Dans le duel politique que se livrèrent les partis ivoiriens par journaux interposés, la Banque africaine de développement était au cœur des débats.

La préparation du plan d'évacuation et de poursuite des activités de la Banque africaine de développement nécessita l'intervention de nombreux experts dans divers domaines de compétence. Le centre névralgique des opérations de la Banque fut déplacé temporairement sans perturbation. Toutes les données informatiques furent sauvegardées et stockées dans des sites de secours d'urgence. Les services de communication de la Banque avaient la mission de rassurer les marchés, la presse, les partenaires de la Banque et les agences de notation.

Tout fut mis en place pour garantir le succès du fonctionnement des sites de secours d'urgence. Le personnel fut divisé en quatre groupes. Le premier groupe fut envoyé sur le site de secours d'urgence, le deuxième à Tunis sur le site de relocalisation temporaire, le troisième en congés administratifs et le quatrième, composé d'Ivoiriens, devait rester dans le pays-hôte. La Banque loua des avions spéciaux pour évacuer son personnel et choisit Dakar et Accra comme points de ralliement.

Un soir du mois de février 2003, la Banque africaine de développement effectua un pont aérien pour évacuer son personnel vers plusieurs destinations. Une équipe technique de 120 personnes fut envoyée à Paris pour la poursuite des opérations. Ce fut un réel branle-bas digne des stratégies de guerre. Les pronostics n'étaient pas favorables au succès de l'opération. Pourtant, à la surprise générale, les autorités ivoiriennes apportèrent leur assistance à la mise en œuvre du plan d'évacuation. Elles aidèrent la BAD à réussir son pari audacieux, contrairement à ce que l'on pourrait en penser. Le vin était tiré, il fallait le boire. L'opération coûta à la Banque africaine de développement beaucoup d'argent. Plus de 1050 personnes et 14 tonnes de documents et équipements avaient été évacuées sur Paris et Tunis. Les autorités ivoiriennes contribuèrent au succès de l'opération, car aucune frontière ne fut fermée. Il n'y eut pas de tracasseries administratives, même si la haute direction de la Banque eut commis quelques bourdes, de peur de représailles éventuelles. Il n'y eut pas de représailles.

L'attitude des autorités ivoiriennes fut exemplaire. Elles acceptèrent l'irréversible. Ce que tout le monde jugea impossible devint réalité. Le transfert de la Banque africaine de développement s'effectua avec succès. C'était une grande première mondiale, car jamais une banque multilatérale de développement n'avait entrepris une aventure du genre. La Banque africaine de développement fit ainsi le pari et le gagna. Le succès fut tel que des institutions-sœurs se rapprochèrent de sa haute direction et de ses experts pour s'inspirer de son expérience.

7.4 Le retour négocié de la BAD à Abidjan

Après huit années d'établissement et de bon fonctionnement à Tunis, voilà que la crise ivoirienne se dénoua avec l'élection d'Alassane Dramane Ouattara comme Président de la République. Le jour de son investiture, il reçut le président Donald Kaberuka. J'étais membre de la délégation du Président de la BAD. Ayant constaté l'instabilité qu'avait créée la révolution en Tunisie, le Président Alassane Ouattara exprima sa préoccupation et son désir de voir la Banque africaine de développement retourner à son siège à Abidjan. Il estimait que le retour de la Banque africaine de développement à Abidjan à son siège était un des facteurs de stabilité et de retour à une vie normale en Côte d'Ivoire. Malheureusement, la coïncidence des moments de crise en Côte d'Ivoire et en Tunisie ne permettait pas de prendre une décision fondée sur des conditions de sécurité meilleures en Côte d'Ivoire où on venait de signer la paix des braves ou bien en Tunisie où les incertitudes persistaient dans l'ère postrévolutionnaire.

Mabri Toikeuse, alors ministre du plan et Gouverneur de la Côte d'Ivoire auprès de la BAD, s'inscrivit dès lors dans cette logique du retour de la Banque à son siège. Il essaya de peser de tout son poids sur le Président Donald Kaberuka pour accélérer ce retour. Mais ce dernier, fidèle aux textes approuvés par les Gouverneurs de la Banque, ne cessait de rappeler que rien ne s'opposait au retour de la Banque en Côte d'Ivoire, à condition que les choses retournent à la normale dans le pays. Cette réponse fut considérée par la plupart des observateurs comme laconique et trop politique. Pourtant, le Président Donald Kaberuka était sincère, mais la décision n'incombait pas à lui tout seul. Il fallait suivre un long processus de consultation pour obtenir le feu vert du conseil d'administration puis du Conseil des Gouverneurs.

De nombreux Chefs d'État et de gouvernement estimaient que la place de la Banque africaine de développement était en Afrique au sud du Sahara et non en Afrique du Nord. Cependant, la Tunisie, qui avait jaugé de façon précise ce que la BAD pouvait apporter à son économie, voulut à tout prix garder l'Institution. Des plans furent envisagés par les différentes parties qui s'intéressaient à accueillir éventuellement la BAD. Certains administrateurs hésitaient à retourner en Côte d'Ivoire, alors que d'autres étaient pressés d'y aller ou d'y retourner. La crise tunisienne née du printemps arabe n'augurait rien de bon pour le pays d'accueil. Le retour de la BAD à Abidjan était devenu une urgence. L'Afrique australe et orientale crut saisir l'occasion de proposer un site de relocalisation temporaire au cas où les conditions ne seraient pas totalement réunies à Abidjan. Le choix de l'Éthiopie fut brandi, mais vite balayé du revers de la main, car l'Éthiopie ne pouvait pas être un centre de concentration des trois plus grandes institutions continentales, à savoir la commission économique africaine, l'Union africaine et la Banque africaine de développement.

Dans la perspective du retour de la Banque à son Siège, le président Alassane Ouattara mit tout en œuvre pour le retour effectif de la Banque africaine de développement à son siège à Abidjan en Côte d'Ivoire. L'administration et le réseau du Président Ouattara eurent pour mission de tout mettre en œuvre pour convaincre les autorités de la Banque africaine de développement qu'il était temps que l'Institution retournât à Abidjan où les conditions de sécurité et de stabilité étaient meilleures que celles offertes par la Tunisie post-révolution.

À la suite de tous les efforts déployés et des travaux de rénovation du bâtiment abritant le siège de l'institution à Abidjan, le plan de retour fut déroulé. L'administration tunisienne apporta tout son soutien aux opérations, tout comme l'avait fait celle de la Côte d'Ivoire au moment de la relocation temporaire du siège à Tunis. Ces attitudes responsables des États témoignent du leadership de la Banque africaine de développement et de la volonté des États africains de protéger son intégrité afin de lui permettre de poursuivre sa mission au service du développement en Afrique. En 2014, la BAD enclencha le processus de retour de ses opérations à son siège statutaire en Côte d'Ivoire. En 2015, Kaberuka finit son mandat et céda le siège de la présidence de l'Institution à Akinwumi Adesina du Nigeria.

Chapitre 8
La présidence du Nigérian Akinwumi Adesina (2015-2025)

J'ai quitté la Banque africaine de développement en mars 2014, un an avant l'élection du Dr Akinwumi Adesina en 2015 à Abidjan. Adesina a succédé au Rwandais Donald Kaberuka, qui avait bouclé son second mandat à la suite d'une réélection par acclamation. En 2015, l'élection du Nigerian Adesina fut très serrée, en raison des enjeux économiques dont l'Afrique était le théâtre. De nombreuses tractations étaient menées dans le monde par de puissants lobbies ou agences de communication afin de positionner un client ou un candidat d'un pays ami. Quels étaient les profils des candidats à la succession de Kaberuka ? Quels étaient les enjeux pour le Nigeria ? Comment Adesina est-il passé de son programme consensuel à une exposition institutionnelle qui a failli lui coûter son second mandat qui s'achève en 2025 ? Ce chapitre répond à ces préoccupations.

8.1 Les candidats au poste de Président de la BAD

Adesina devait affronter trois candidats qui étaient tous d'anciens Vice-présidents de la Banque africaine de développement. C'était une grande première dans le contexte des élections d'un Président de l'Institution. Les anciens Vice-présidents candidats au poste de Président de la BAD étaient Zondo Sakala du Zimbabwe, Birima Sidibe du Mali et Kordje Bedoumra du Tchad. Birima, dès l'arrivée de Kaberuka, avait quitté la Banque africaine de développement pour rejoindre la Banque islamique de développement en qualité de Vice-président. Bedoumra était retourné dans son pays où il occupait le poste de ministre des Finances. Quant à Zondo Zakala, il venait de quitter fraîchement la BAD pour préparer sa candidature avec le soutien de la plupart des pays de l'Afrique australe. J'avais longtemps pratiqué ces candidats avec lesquels j'ai partagé un vécu professionnel. Je pouvais me faire une opinion de chacun d'entre eux et me trouvais en capacité de dire que Birima Sidibe avait le *leadership* et la carrure d'un Président de la BAD, mais qu'en même temps, le Mali n'était pas assez fort diplomatiquement pour le supporter. Le pays commençait à être miné par une crise latente. Cette crise avait conduit au processus qui s'est soldé par le coup d'État militaire qui a écarté le Président Ibrahima Boubacar Keita du pouvoir. Les deux autres candidats ne bénéficiaient pas d'un soutien suffisant au sein du personnel. Seuls quelques groupes de parents et d'amis supportaient les candidats. De nombreux experts de l'Institution, impressionnés par les bons résultats obtenus par un pays comme le Cap-Vert, supportaient la candidature de la ministre capverdienne des Finances.

8.2 Adesina ou l'enjeu du retour du Nigeria

La candidature d'Adesina Akinwumi marquait le retour du Nigeria, qui était le plus grand actionnaire africain de la Banque africaine de développement. Ce pays n'avait jamais réussi à diriger l'Institution panafricaine. Le pays n'inspirait toujours pas confiance aux pays membres non régionaux ; est-ce à cause de son poids économique ou de son leadership affirmé sur le continent ?

En 1982, quand s'affirma la proposition d'ouvrir le capital de la Banque africaine de développement aux pays membres non africains, le Nigeria s'y était opposé. À l'époque, les autorités nigerianes estimaient que l'ouverture du capital aux pays non africains signifiait troquer la souveraineté de l'Afrique. Le Nigeria n'était pas convaincu que l'ouverture du capital constituât une opportunité pour l'Afrique. Au contraire, le Nigeria voyait en cela un moyen de contrôle des économies, donc de la souveraineté des États africains par des forces extérieures. L'africanité de la Banque tenait à cœur le Nigeria.

Malgré sa position favorite de premier actionnaire africain de la Banque africaine de développement et de bailleur-fondateur du Fonds spécial du Nigeria, le pays n'avait pas encore réussi à placer un Nigerian à la tête de l'Institution. Akinwumi Adesina est donc le premier Nigerian à accéder au poste de Président du Groupe de la Banque africaine de développement.

Son élection ne fut pas de tout repos pour le Nigeria, qui a dû faire face à la résistance des non régionaux menés par les États-Unis d'Amérique, qui semblaient avoir jeté leur dévolu sur la candidate du Cap Vert. Le candidat du Tchad bénéficiait du soutien de quelques pays membres non régionaux.

Le hall de l'hôtel Ivoire était devenu un couloir de lobbyistes à vous couper le souffle. Les ministres étaient côtoyés à même le bar pour solliciter, qui un soutien, qui un avis sur l'évolution de la situation. La presse s'en était donné à cœur joie. La bataille fut âpre. Le Nigeria s'était donné à fond. Ses prises de position continentales ne laissaient personne indifférent, pas même ses adversaires. Alors que le Nigeria soutenait son candidat et battait campagne, l'Afrique du Sud s'investissait pour mener la campagne de Zondo Sakala. Les deux géants s'affrontaient par candidats interposés. Les non régionaux ne souhaitaient pas du tout une victoire du Nigeria. Ils n'avaient pas oublié les nuits cauchemardesques des années 1980, avec la farouche opposition du Nigeria à l'ouverture du capital aux pays non régionaux.

Le Nigeria avait fait de son combat l'emblème de la lutte pour la liberté africaine. Ce combat acharné que mena le Nigeria et qu'il perdit lui valut quand même le titre de « *African Pride* » ou la fierté de l'Afrique. Cette Afrique qui dit non à une autre forme de domination.

Adesina fut ministre de l'Agriculture et du Développement rural du Nigeria. Il a bénéficié du soutien de son pays et de celui de fonctionnaires Nigerians très influents sur la scène internationale. Les fonctionnaires de la BAD sont toujours très impliqués dans les élections, même s'ils le font avec beaucoup de prudence. Ngozi Okonjo-Iweala, ancienne ministre des Finances du Nigeria et ancienne patronne du département Afrique de la Banque mondiale, a battu campagne pour Adesina. D'ailleurs, quand la candidature du Nigeria avait été annoncée, beaucoup d'analystes pensèrent à la candidature de Ngozi. C'était plutôt Adesina. Loin des caméras, Ngozi mena une bonne campagne qui consacra Adesina, Président du groupe de la Banque africaine de développement. Pour rappel, Ngozi est aujourd'hui (2021) nommée Directrice générale de l'Organisation mondiale du Commerce (O.M.C.). Elle est la première femme à occuper ce poste.

8.3 Du programme à l'exposition institutionnelle

Le Président Adesina a eu une forte inspiration en matière de développement agricole. Sa vision reposait sur 5 piliers qu'il a baptisés « High Five », à savoir : Eclairer l'Afrique, Nourrir l'Afrique, Industrialiser l'Afrique, Intégrer l'Afrique et enfin, Améliorer la qualité de vie des populations en Afrique. Sa Vision fut largement partagée et sa mise en œuvre aussitôt engagée dans presque toutes les opérations approuvées par l'Institution.

Cependant, la Banque africaine de développement fut embarquée dans la politique d'exposition institutionnelle conduite par Adesina. Le premier mandat d'Adesina rappelait

Babacar Ndiaye ; ce fut dans le style du port élégant et de la confiance à la communication. La gestion d'Adesina conduisit à une dérégulation du fonctionnement interne, à tel point que toutes les structures internes de contrôle s'en trouvèrent affaiblies. Le personnel, las du dirigisme d'Adesina, finit par s'associer à des siffleurs d'alerte ou littéralement des dénonciateurs d'abus (*whistleblowers*) à l'extérieur pour alerter la communauté internationale sur les manquements supposés de la gestion du Président.

Le document de politique du bureau de l'intégrité et de la lutte contre la corruption vise à *« renforcer la bonne gouvernance et la transparence. La Banque africaine de développement a adopté une politique de dénonciation d'abus et de traitement des griefs... tout en protégeant les dénonciateurs »*[65]. Le principe des « *whistleblowers* » fait partie intégrante des mécanismes de gouvernance édictés par le groupe de la Banque africaine de développement. En effet, les « *whistleblowers* » reprochaient au Président Adesina des recrutements abusifs de ses amis Nigerians ainsi que l'allocation de financements de complaisance à des firmes nigerianes. Les accusations prirent une telle ampleur que le Comité d'éthique du Conseil d'administration dut saisir le Conseil des Gouverneurs. Les Gouverneurs de la BAD décidèrent de constituer un panel de haut niveau présidé par Mary Robinson, ancien Président d'Irlande, pour une revue du rapport du Comité d'éthique du Conseil d'administration.

Comme si l'histoire rattrapait la Banque africaine de développement de son passé à Nairobi en 1994 au moment où le Conseil des Gouverneurs se penchait sur le dossier opposant Babacar Ndiaye à son Conseil d'administration. Il y a eu des caractéristiques similaires dans le traitement des dossiers d'Adesina et de Ndiaye par le Conseil d'administration, même s'ils étaient différents. Le Conseil des Gouverneurs aboutit à la

---

[65] BAD, Document de politique, Bureau de l'intégrité et de la lutte contre la corruption (IACD)

conclusion que les allégations contre Adesina n'étaient pas suffisamment fondées pour sanctionner sa gestion.

Le Conseil des Gouverneurs, au cours de la première Assemblée générale virtuelle de l'histoire de la Banque africaine de développement tenue les 26 et 27 août 2020, confirma les conclusions du Rapport indépendant. Adesina fut blanchi et, par la même occasion, reconduit à l'unanimité des Gouverneurs de la Banque pour un second mandat de cinq ans. Un nouveau départ fut offert à l'homme au nœud papillon, dont l'image rappelle celle de son prédécesseur, Mung'Omba, qui aimait aussi arborer un nœud papillon.

Chapitre 9
La gouvernance de la BAD reconsidérée

De 1964 à 2020, la Banque africaine de développement a eu huit (8) Présidents élus et un Président par intérim. Les différentes personnalités qui ont dirigé la Banque africaine de développement sont Mamoun Beheiry (1964-1970), Abdelwahab Labidi (1970-1976), Kwame Donkor Fordwor (1976-1979), Godwin Gondwe, président par intérim (1979-1980), Willa Mung'Omba (1980-1985), Babacar Ndiaye (1985-1995), Omar Kabbaj (1995-2005), Donald Kaberuka (2005-2015) et Akinwumi Adesina (2015-2020). Ce dernier a été réélu pour un second mandat de cinq ans le 27 août 2020. L'Accord portant Création de la Banque africaine de développement signé le 4 août 1963 et entré en vigueur le 10 septembre 1964, en son article premier, stipule : « Le but principal de la Banque africaine de développement est de contribuer au développement économique et au progrès social de ses États membres régionaux pris individuellement ou collectivement ». En 70 ans d'existence, la Banque africaine de développement n'a pas redéfini le but de sa mission. Elle a poursuivi ses opérations avec le même but, à savoir améliorer les conditions de vie des populations africaines. Tous les réaménagements du genre « financer le développement économique et social », « lutter contre la pauvreté », « éradiquer la pauvreté » n'ont pas permis à la Banque africaine de développement de réussir sa mission. Que peut-on faire autrement ?

Les réformes de la gouvernance sont nécessaires et cette question se pose si l'on veut remédier au constat d'échec à propos de la gouvernance des questions de pauvreté et de développement économique au sein de la BAD. Cette question est au centre de ce chapitre, qui revisite la gestion de la BAD. Mais avant d'y répondre, l'accent sera d'abord mis sur les performances de la Banque sous chaque leadership de direction (9,1). Ensuite, l'analyse présente les performances globales de l'Institution par rapport à la mission qui lui avait été assignée par ses pères fondateurs et par les États africains (9,2). Nous montrerons enfin qu'en dépit de l'immensité de la tâche, ce bilan aurait pu être plus reluisant socialement si la gouvernance avait tenu compte de certains paramètres locaux et mené certaines réformes d'envergure (9,3).

9.1 Leadership de direction et performances de la BAD

La lutte contre la pauvreté sous toutes ses formes, qui est devenue l'objectif principal de sa mission, est restée intense au fil du temps. La BAD ne s'en fut jamais sortie. Plus elle finance, plus la pauvreté demeure. Les différents Présidents du groupe de la Banque africaine de développement se sont attelés à cette mission. Ils furent aussi inventifs les uns que les autres. Les réformes successives n'ont pas eu raison de la pauvreté en Afrique. Tous les efforts conjugués des différents Présidents qui ont eu à gérer la Banque africaine de développement n'ont pas réussi, malgré le volume important des investissements colossaux à éradiquer la pauvreté. Du Soudanais Mahmoun Beheiry au Nigerian Akinwumi Adesina, la Banque aura connu une belle épopée au service du développement économique et social en Afrique.

Chaque Président élu a géré la Banque africaine de développement dans un contexte spécifique du développement de l'Afrique, souvent marqué par les crises en tous genres. L'Afrique est constamment secouée par des crises et cela pourrait s'expliquer par les convoitises sur ses richesses. Les crises idéologiques postindépendance ont vite fait la place à des crises plus sévères et plus complexes que sont les guerres, les coups d'État, les révoltes populaires, les mouvements sociaux des travailleurs, les accidents, la famine, les catastrophes naturelles telles que les inondations, les épidémies du Sida, de l'Ebola, du Covid-19, les crises alimentaires, financières, sanitaires, entre autres.

9.1.1 *Mamoun Beheiry, le messager des pères fondateurs*

Les moments les plus déterminants dans la lutte pour un mieux-être des Africains étaient les années qui suivirent la création de la Banque africaine de développement sous le leadership de Mamoun Beheiry. Cette période coïncidait avec celle durant laquelle les Africains avaient exprimé la ferme volonté de s'affranchir de la tutelle coloniale. La Banque africaine de développement devait, au cours de cette période, accompagner les pays africains à se prendre en main. Ce furent des moments marqués par une solidarité continentale exceptionnelle, orientée vers un commun objectif de liberté et de développement.

Unie au-delà des clivages idéologiques de l'époque, l'Afrique avait affiché sa ferme volonté d'assurer son propre développement. Mamoun Beheiry a été le champion de ces années de braise ; lui qui, sorti de prison, était projeté à la tête de la première institution panafricaine de financement du développement. Fin diplomate et expert respecté, Mamoun Beheiry avait su impulser à la Banque africaine de développement le souffle vital qui lui a permis de résister à toutes les intempéries politiques et de renforcer sa capacité de négociation et d'action.

L'esprit collégial qui caractérisait cet ancien étudiant diplômé d'Oxford fut un important atout dont il disposait pour réussir sa mission. Les projets et programmes de la Banque africaine de développement constituaient pour lui des leviers importants pour renforcer la solidarité continentale. En 1967, sous le magistère de Mamoun Beheiry, la BAD signa les deux accords de prêts pour ses deux premières opérations, dont une prise de participation en faveur de la Sierra Leone et un prêt pour la construction d'une route au Kenya.

À sa mort en 2002, la direction de la Banque africaine de développement institua un prix d'Excellence dénommé le « Prix Mamoun Beheiry ».

9.1.2 Abdelwahab Labidi et la création de nouvelles institutions affiliées à la BAD

Abdelwahab Labidi dota la Banque africaine de développement d'une deuxième institution : le Fonds africain de développement, créé en 1972 par la volonté de 13 pays non africains. Ce fut Labidi qui jeta aussi les bases de la création de l'Association des Institutions africaines de financement du développement en 1974 à Dakar. La création de l'AIAFD fut l'aboutissement d'un long processus enclenché en 1969 au Liberia. L'AIAFD devait servir de cadre de formation et de concertation des banques de développement du continent. Chaque pays avait sa banque de développement qui recevait des lignes de crédit de la Banque mondiale et de la Banque africaine de développement. Ces lignes de crédit étaient par la suite réorientées vers les investissements dans les pays membres régionaux.

Ce fut encore sous Labidi que le Nigeria a créé le Fonds spécial du Nigeria. Labidi était un bâtisseur d'institutions. Son souci était de mettre en place des instruments destinés au financement de la lutte contre la pauvreté. Il aura facilité la mise à disposition des ressources concessionnelles du FAD et celles du Nigeria qui a souhaité partager les revenus de son pétrole avec les pays africains non producteurs de l'époque.

Le Président Labidi s'était évertué à faire en sorte que la Banque africaine de développement pût répondre à la demande de ressources adéquates pour accompagner le développement économique et social des pays africains. Son mandat correspondait à une période où l'Afrique était engagée dans de grands chantiers touchant presque à tous les secteurs du développement. Chaque pays avait un programme de développement centré sur ses besoins spécifiques.

À la suite de Abdelwahab Labidi, se sont succédé des Présidents audacieux et plus libres dans la prise en charge de leur mandat. En effet, tant que les pays non africains mettaient à disposition les ressources pour financer le développement du continent, il ne pouvait y avoir une liberté d'action au sein de la Banque africaine de développement.

9.1.3 Donkor Fordwor et le renforcement de l'institution

Selon un proverbe africain : « *celui qui vous prête ses yeux vous montre le sens de votre regard* ». C'est ainsi que le partenariat revêt tout son sens. En prenant la tête de la Banque africaine de développement, Kwame Donkor Fordwor avait une opportunité inouïe de renforcer les bases de l'institution grâce au partenariat. Cependant, tel ne fut point le cas. Kwame Fordwor avait le souci de renforcer la structure organisationnelle de la Banque. Il procéda à une forte motivation du personnel. Il voulut donner un corps et une âme à l'Institution. Le siège de la Banque africaine de développement fut construit et inauguré par le Président Félix Houphouët-Boigny sous la présidence de Fordwor.

Aussitôt après l'inauguration du siège, le mandat du Président Fordwor entra dans une zone de turbulence. Il fut démis par le Conseil d'administration. Un intérimaire fut installé, en la personne du Vice-président Gondwe du Malawi, que j'ai eu le bonheur de retrouver à Blantyre alors qu'il était ministre des Finances de son pays. Nous avions parlé brièvement de sa période d'intérim, parce que j'avais toujours en tête l'idée de faire un jour un témoignage sur mon vécu à la Banque africaine de développement. Il n'était pas prolixe sur cette période et ne m'avait pas donné l'impression d'avoir contribué à la destitution du Président Fordwor.

Selon de nombreux témoignages recueillis auprès du personnel, Kwame Donkor Fordwor avait, après sa destitution, engagé une bataille contre le Conseil d'administration. Il battait une campagne d'explication dans les capitales africaines. Il n'avait reçu aucun soutien pour le remettre en selle à la tête de la

Banque africaine de développement. Il ne semblait pas non plus bénéficier du soutien de la Côte d'Ivoire. Avait-il mal géré le financement de la construction du siège ou avait-il laissé en rade des questions essentielles au profit de questions subsidiaires ? À ce jour, aucun dossier n'est venu étayer la liquidation de Kwame Donkor Fordwor.

J'ai passé de nombreuses années au sein de la Banque africaine de développement, cherchant à comprendre ce qui avait dû se passer avec Kwame Donkor Fordwor. Kwame Donkor Fordwor lui-même n'a eu de cesse de clamer son innocence. Forword avait réussi à construire le siège de la Banque africaine de développement. Il avait réussi à attirer du personnel de qualité, au premier rang desquels les Africains formés dans l'hexagone, et qui avaient décidé de rentrer travailler en Afrique. Kwame Fordwor était préoccupé par la création d'institutions solides et viables afin de permettre à l'Afrique de prendre en charge son propre développement. Selon lui, cette volonté de renforcer l'indépendance de l'Afrique en la dotant d'institutions solides avec des hommes compétents expliquait en partie les causes de sa chute programmée par des capitales occidentales. Il n'a pas cité explicitement la France ; mais tout laisse à croire, selon les supputations, que la France contribua au déclenchement du processus qui l'a écarté de la présidence de la Banque africaine de développement.

Le Président Fordwor fut démis de ses fonctions et remplacé par un intérimaire. Loin de s'arranger, les choses devenaient de plus en plus complexes avec le remplaçant. Au moment de la crise institutionnelle, l'Afrique avait besoin de ressources importantes. Les pays africains étaient sur une lancée de reconstruction de leurs économies. Ils avaient la ferme volonté de prendre leur destin en main. La Banque africaine de développement était le bras armé pour aider à lever des ressources. Le débat idéologique devait céder la place à un discours beaucoup plus modéré, destiné à attirer des investisseurs non africains.

9.1.4 Les performances de la présidence de Mung'Omba

Ce fut dans un tel contexte que le Zambien Willa Mung'Omba fut élu Président de la Banque africaine de développement. Il s'attela, avec son équipe dont la plupart des membres étaient de purs produits des grandes écoles européennes, à la tâche de renforcer le capital de la Banque. Ainsi naquit l'idée d'ouvrir le capital de la Banque africaine de développement aux pays non africains qui désiraient obtenir la qualité de membre de l'Institution. L'épisode de l'ouverture du capital de la Banque africaine de développement fut ouvert par le Président Mung'Omba. Ce fut une période de grandes manœuvres diplomatiques et de larges consultations avec les partenaires techniques et financiers.

Les marchés accueillirent favorablement l'initiative ; ce qui fut un motif d'encouragement de l'équipe de Mung'Omba. Alors que les pays africains développèrent un appétit glouton à absorber davantage de financements pour la construction de leurs économies, la BAD développait une ingénierie financière de grande envergure. L'idée d'ouvrir le capital de la Banque africaine de développement aux pays non africains allait raviver les tensions idéologiques.

Rappelons qu'à la suite de l'accession à l'indépendance des pays africains, certaines capitales européennes avaient procédé au démantèlement du tissu industriel. Des pays d'obédience socialiste comme la Tanzanie de Julius Nyerere avaient, quant à eux, procédé à la nationalisation des industries. Le Nigeria, la Libye et l'Algérie s'opposèrent à l'ouverture du capital aux pays non africains.

9.1.5 L'ouverture du Capital sous Babacar Ndiaye : une solidité financière renforcée

En 1985, le Vice-président Babacar Ndiaye fut élu Président de la Banque africaine de développement. Il poursuivit avec acharnement la mobilisation de ressources. Il mit l'accent sur le projet d'ouverture du capital. En 1992, il réussit à ouvrir le capital de la Banque africaine de développement aux pays membres non régionaux. Il pouvait alors disposer de ressources adéquates pour parachever la construction de l'Afrique en renforçant les possibilités de financement des projets et programmes en vue d'accélérer le processus de développement économique et social dans les pays membres régionaux.

Le capital social de la Banque africaine de développement fut porté à 2,9 milliards de dollars. La « *real politik* » prit le pas sur les batailles idéologiques. Babacar Ndiaye avait compris que le combat du développement ne pouvait plus se limiter aux querelles idéologiques. Les moyens de financement étaient devenus un impératif. À ceux qui ne voulaient pas de l'argent des anciens colons, il avait l'habitude de répondre : « *L'argent n'a pas d'odeur* ». En bon diplomate, il tenta de jouer aux équilibristes afin de rassurer les pays régionaux qui furent les plus virulents contre l'ouverture du capital. Le Nigeria décida alors de coopérer et d'oublier les querelles suscitées par la crise liée à l'ouverture du capital de la Banque africaine de développement aux pays membres non régionaux.

Babacar Ndiaye réussit à repositionner la Banque africaine de développement sur l'échiquier international. Flamboyant, il était un chantre du « *Branding Africa* ». Homme pragmatique très bien entouré, il connaissait parfaitement la Banque où il avait été recruté en 1967 parmi les premiers cadres. Babacar Ndiaye était l'homme qui pouvait apporter les réformes nécessaires au bon fonctionnement de l'Institution. Le bon fonctionnement de la Banque africaine de développement consistait à répondre adéquatement à la demande de financement des pays africains et à les accompagner dans la réalisation des projets et programmes.

Le mandat de Babacar Ndiaye coïncidait avec la période de diversification des économies africaines ; ces économies passaient de simples fournisseurs de matières premières aux anciennes métropoles à des économies de transformation. Pour Babacar Ndiaye, qui estimait que l'Afrique avait besoin d'un secteur privé fort dans des États pas faibles, c'était l'occasion rêvée de promouvoir la croissance par les PMI/PME. La BAD commença alors à canaliser les capitaux privés vers le continent. Ndiaye encouragea les *joint-ventures* pour le développement des entreprises africaines, tout en renforçant la position de la Banque africaine de développement sur les marchés financiers. Il encouragea la création des bourses des valeurs africaines.

Cependant, sa fougue et son ambition de promouvoir le développement du secteur privé eurent des effets néfastes sur son mandat. La plupart des projets du secteur privé enregistrèrent des échecs ; des projets financés au Cameroun, au Sénégal, en Éthiopie et en Ouganda n'avaient pas réussi. Au même moment, les gros emprunteurs de la Banque tels que le Congo de Mobutu et le Gabon d'Omar Bongo connurent des difficultés. À force de tenter de les sortir du bourbier, le gouffre de leur endettement s'agrandissait. Un gros financement connut des déboires au Sénégal.

La situation devenait si préoccupante que le Conseil d'administration s'en inquiéta. Il dut appuyer sur la sonnette d'alarme. Les mécanismes de contrôle internes étaient défaillants ; la Banque commença à faire face à une grave crise de gestion interne qui opposa son Président à son Conseil d'administration. Nous avons développé des aspects de cette crise[66], qui a vu son point culminant à Nairobi en 1994 lors des assemblées annuelles au cours desquelles le Conseil d'administration avait demandé la destitution de Babacar Ndiaye.

[66] Voir chapitre 4, *supra,* § 4,3 « Fronde contre un troisième mandate ».

Le Président Ndiaye fut un bâtisseur d'institutions. On lui doit : Shelter Afrique, Afreximbank, Table ronde des hommes d'affaires d'Afrique, Africare. Des tracs, des dénigrements de la presse, des motions de censure, tout y fit, mais Babacar Ndiaye s'accrocha à son fauteuil jusqu'à vouloir chercher un troisième mandat. Le rapport Knox vint donner un coup de grâce à son mandat. Il choisit de laisser la mise en œuvre des recommandations du Rapport Knox à son remplaçant, Omar Kabbaj en 1995.

9.1.6 La restructuration du portefeuille sous Omar Kabbaj

La mission de promouvoir un développement économique et social sur le continent telle que définie dans la charte portant création de la Banque africaine de développement était devenue vaste et complexe. Cette mission, articulée autour d'objectifs souvent très vagues, n'a pas permis à la Banque africaine de développement de réussir sa mission et de lutter efficacement contre la pauvreté, en dépit de lourds investissements qu'elle a consentis en faveur de ses pays membres régionaux pris individuellement ou collectivement.

La BAD inscrivit ses interventions au cœur des préoccupations des pays africains, mais sans se mêler manifestement de leurs problèmes politiques. Elle resta confinée dans sa réserve politique qui, somme toute, n'est que de façade. Car les dirigeants de la Banque africaine de développement rendent compte de leur gestion aux dirigeants politiques qui les proposent aux postes et les nomment. On se souvient encore de la réaction de Abdoulaye Wade du Sénégal qui, ne réussissant pas à convaincre le Président Omar Kabbaj à partager sa vision de développement axée sur le financement des infrastructures, mit fin à la discussion et décida de lui envoyer son ministre de l'économie et des Finances qui était son véritable patron. Omar Kabbaj, bien que supportant le Nouveau partenariat pour le développement de l'Afrique (NEPAD) qui était très cher à ses pères fondateurs, dont le Président du Sénégal, Me Abdoulaye Wade, n'était pas convaincu de la nécessité d'investir trop d'argent dans les infrastructures. Il était focalisé sur le financement du développement social et affichait une très grande prudence vis-à-vis du NEPAD.

Omar Kabbaj avait la mission de restructurer le portefeuille de la Banque africaine de développement, lourdement affecté par les crises qui secouèrent l'Afrique, particulièrement l'Afrique centrale à l'époque. Il se mit à repenser l'organisation de la Banque. Le Rapport Knox lui offrit la possibilité de procéder à des tests de qualification et de performance du personnel. À la fin du processus, Omar Kabbaj décida de se séparer de plusieurs membres du personnel, conformément aux recommandations du rapport Knox.

J'étais stagiaire en ces temps-là. J'avais eu l'opportunité de participer à cet exercice dans quelques panels, aux côtés de l'ancien Secrétaire général Yuma. L'exercice avait été le théâtre de règlements de comptes entre les membres du personnel qui étaient dans les bonnes grâces du nouveau Président ou de ses hommes de main et ceux qui ne l'étaient pas. Ceux qui étaient choisis pour mener à bon port l'exercice n'avaient pas toujours été justes avec certains de leurs collègues. Des mains qui étaient à l'époque tapies dans l'ombre ont joué aux basses œuvres pour faire partir ou garder des gens de leur choix. Jamais exercice d'une aussi grande envergure n'avait été aussi décrié. J'en connais qui, à ce jour, en ont gardé les cicatrices.

Omar Kabbaj, qui venait de prendre fonction, avait laissé quelques-uns de ses proches collaborateurs faire le travail avec le soutien des consultants. Avec le Rapport Knox imposé à la direction de la BAD par les pays membres non régionaux, l'Afrique venait encore une fois de faire face à l'hégémonie américaine et occidentale dans l'expression de la direction qu'ils voulurent donner à la Banque africaine de développement. La possibilité d'obtenir la reconstitution des ressources du Fonds africain de développement était le prix attendu contre la restructuration dictée par le Rapport Knox. Il faut dire que la majorité des pays africains dépendaient à l'époque du FAD pour financer leur développement.

Omar Kabbaj fit face aux défis structurels des économies africaines. Il s'engagea à promouvoir le financement de l'agriculture et à renforcer le développement du secteur privé. Kabbaj mit un accent particulier sur le développement du capital humain. Ce fut sous son leadership que la Banque africaine de développement développa une nouvelle Vision stratégique avec la contribution de personnalités de renom qui avaient fait leurs preuves sur le continent. Kabbaj recentra la mission de la Banque africaine de développement sur la lutte contre la pauvreté, l'équité sociale et le genre. La Banque africaine de développement renoua avec des objectifs clefs de sa mission, à savoir le développement agricole et rural, le développement des ressources humaines en insistant sur la scolarisation des jeunes filles, la formation professionnelle et la recherche scientifique et technologique, le développement du secteur privé et la promotion de la bonne gouvernance. Omar Kabbaj restaura la discipline et la rigueur au sein du fonctionnement interne de la Banque africaine de développement. Il imposa ainsi sa marque aux dirigeants africains en étant très attentif aux bruits du Palais de Rabat.

Il laissa une banque crédible et financièrement solide. Tous les indicateurs étaient au vert. Omar Kabbaj avait compris que le développement lui exigeait une forte présence sur le terrain. Ainsi fut engagé un vaste programme de décentralisation des opérations de la Banque, avec l'ouverture de bureaux extérieurs. Babacar Ndiaye avait déjà eu le mérite d'ouvrir un bureau de liaison à Londres et à Washington, pour faciliter le dialogue avec les pays plénipotentiaires du Fonds africain de développement (FAD) ainsi que la Banque mondiale et le Fonds monétaire international. Kabbaj avait renforcé cette démarche de proximité avec les actionnaires et les partenaires techniques et financiers.

En dépit de l'ingéniosité et du savoir-faire des cadres dont elle disposait, ainsi que de ses ressources financières importantes, la Banque africaine de développement n'a pas réussi à endiguer le fléau de la pauvreté sur le continent. Il est vrai que les orientations stratégiques souvent confiées à des experts non africains ou n'ayant pas une bonne compréhension des problèmes de l'Afrique n'ont pas aidé la Banque africaine de développement à remplir convenablement sa mission.

Des postes stratégiques étaient confiés à de hauts fonctionnaires proposés ou imposés par les anciennes métropoles. La plupart des marchés des biens et services étaient exécutés par les pays membres non régionaux. La Banque africaine de développement ne pouvait pas, dans de tels contextes, réussir à allier les exigences de l'orthodoxie technique et financière aux réalités du continent. Quand les plans stratégiques de développement de la Banque africaine de développement sont contrôlés par des experts non africains qui n'ont aucune emprise sur les réalités socioculturelles de l'Afrique, comment promouvoir un développement durable ?

Pour l'Afrique, le problème est resté entier. Le constat est que les options de développement de la Banque africaine de développement n'ont pas toujours été adaptées efficacement aux réalités africaines. L'impossibilité d'allier la demande socioéconomique des populations africaines aux exigences de l'orthodoxie financière dictée par les pays riches exige que la Banque africaine de développement soit repensée dans la forme et dans le fond. Elle pourrait même être amenée à céder sa place à des instruments de financement plus aptes à répondre aux besoins de l'Afrique.

9.1.7 La consolidation de la crédibilité de l'institution sous Donald Kaberuka

Il n'est pas anodin que ce soit à la suite d'Omar Kabbaj que le Rwandais Donald Kaberuka ait pris les rênes de la Banque africaine de développement. Il venait d'un pays qui sortait de conflit, et dans le gouvernement duquel il occupait le poste de ministre de l'économie et des finances. Il avait une expérience d'un pays post-conflit, à une période où des pays africains sortaient de multiples guerres civiles. Les économies africaines étaient en déliquescence, du fait des conflits qui détruisaient les investissements, décimaient les forces de travail et compromettaient la production. Des pays au potentiel économique insoupçonné sombraient dans l'extrême pauvreté. Les gouvernements africains préférèrent investir massivement dans l'achat des armes de guerre que dans les secteurs productifs. Pendant une longue période, l'Afrique fut ainsi un champ de guerre, ouvert à des trafiquants et à des mercenaires de tous acabits. La Banque africaine de développement paya un lourd tribut à la volonté des gouvernements des pays africains de préserver leur siège à tout prix. L'Afrique semblait « refuser le développement »[67] en s'adonnant à des querelles de fauteuil pour les intérêts des seuls dirigeants.

En 2008, une crise financière très sévère secoua la planète. Elle fut la plus grave crise que le monde ait connue après celle de 1929. Elle s'était vite muée en une crise économique aiguë, avec la fonte des patrimoines boursiers et immobiliers. Cette crise affecta durement les économies africaines ; or quand l'Afrique va mal, la BAD aussi va mal.

Donald Kaberuka travailla durement à renforcer la crédibilité de la Banque africaine de développement. Il consolida les acquis de ses prédécesseurs et se mit à explorer les voies susceptibles d'améliorer l'efficacité opérationnelle. Il fit venir une panoplie d'experts dont la majorité provenait de la sous-région de l'Afrique de l'Est et australe ainsi que de la Banque mondiale. Les experts en provenance de la Banque mondiale auxquels il confia l'orientation stratégique des opérations de la Banque africaine de développement n'avaient pas toujours donné les résultats attendus. Il y eut beaucoup d'hésitations pour trouver la voie royale et élaborer un document d'orientation stratégique consensuel. La Banque africaine mit du temps à mettre en place une stratégie de lutte contre la pauvreté avec des résultats toujours mitigés. La nouvelle approche stratégique de lutte contre la pauvreté fut de promouvoir un développement économique et social axé sur la transformation structurelle de l'économie

[67] Kabou, Axelle. *Et si l'Afrique refusait le développement ?* Paris, L'Harmattan1991.

africaine. Les contours en furent définis et la mise en œuvre lancée à grandes pompes.

Les infrastructures et l'énergie revinrent au centre des préoccupations de la Banque africaine de développement. L'Afrique avait besoin d'investir dans ces secteurs afin d'assurer son développement. Cependant, les coûts élevés de tels investissements poussèrent la Banque africaine de développement à se tourner davantage vers les marchés financiers avec une très bonne performance. Sa bonne notation triple A lui permettait de mobiliser des ressources importantes pour le financement des infrastructures. La BAD fit un pari audacieux, allant jusqu'à lancer un grand projet de centrale à charbon au Sénégal. Ce projet avait été approuvé par le Conseil d'administration, presque à la veille de la COP21 en 2015.

De grands projets créateurs de richesses et d'emplois virent le jour un peu partout en Afrique. Des investissements lourds furent consentis dans les chemins de fer, les ports, les aéroports, la production et le transport de l'énergie, ainsi que dans le secteur de la recherche et de la formation scientifique. Des institutions de rang mondial furent créées, en l'occurrence *Africa 50*, qui venaient compléter le dispositif de financement du développement sur le continent. L'Afrique signait son entrée à grandes pompes dans le cercle des économies émergentes. Elle disposait de cadres bien formés, de ressources pour le financement de son développement et d'un tant soit peu autonomie d'action par rapport aux anciennes puissances coloniales.

9.2 Situation en cours : l'audace d'Akinwumi Adesina

Bien qu'étant encore aux commandes de la Banque africaine de développement au moment où j'écris ces lignes (2021), on peut reconnaître au Président Adesina une action pétrie de pragmatisme. Sa démarche relève de l'audace. Dans son discours inaugural en qualité de huitième président de la Banque africaine de développement, il a lancé, le 1er septembre 2015 à Abidjan, les « High Five », soit les cinq priorités pour la transformation de l'Afrique. Adesina affichait ainsi une audace inespérée au sein de la BAD. Les cinq priorités étaient l'énergie, l'agriculture, l'industrialisation, l'intégration régionale et enfin l'amélioration du cadre et de la qualité de vie en Afrique.

Le problème d'Adesina est qu'il est venu à la BAD avec dans ses bagages un programme de développement qui n'a pas fait l'objet de larges consultations au sein de l'institution, encore moins au sein des pays membres de l'institution. Contrairement à ses prédécesseurs, qui avaient l'habitude de mener des consultations régionales et de mettre en place des panels d'experts, Adesina a été un peu plus directif. Cela lui a valu de nombreuses incompréhensions et des conflits d'orientation stratégique avec une partie de ses managers, souvent dotés de riches expériences en matière d'élaboration de documents stratégiques et de planification. La confusion née de ces conflits a entraîné le départ de la Banque de plusieurs membres du personnel de la haute direction. On l'a déjà souligné : le mécontentement né de ces départs a conduit à des dénonciations d'abus et à des malversations qui ont failli emporter le Président Adesina sous l'effet des *whistleblowers*. La crise qui a secoué le mandat d'Adesina est certainement le déclic pour une nouvelle ère au sein de la BAD. Cette crise a sans doute créé des conditions favorables pour repenser la gouvernance et les opérations de la BAD.

9.3 Performances croisées des différents présidents

D'un Président à l'autre, la Banque africaine de développement introduisit les meilleurs outils de lutte contre la pauvreté. Au fur et à mesure que les instruments étaient affinés, la pauvreté changeait de visage. Les calamités naturelles et les conflits sociaux aggravèrent les crises et agrandirent les fossés sociaux.

Le manque de cadres africains bien formés pour prendre en charge le développement du continent fut à ses débuts un obstacle majeur auquel fit face la Banque africaine de développement. Cette absence de disponibilité de cadres africains bien formés pour prendre la relève de l'assistance technique occidentale était un sérieux problème à résoudre. L'assistance technique mise à disposition par les pays occidentaux n'avait pas réussi à régler la lancinante question du déficit d'experts africains bien formés.

Toutes les directions de la Banque africaine de développement avaient joué leur partition, conformément à la charte portant création de la Banque africaine de développement. Chaque direction de la Banque africaine de développement avait entrepris les réformes qu'elle jugeait nécessaires. Cela leur avait valu de se forger une carapace qui permit de résister aux turbulences économiques et à la pesanteur des défis.

Grâce à cette résilience, la Banque africaine de développement a su s'adapter tant bien que mal aux défis du temps et réussir à passer le cap. Le seul obstacle qu'elle n'aura pas réussi à franchir est celui de l'éradication de la pauvreté. Mais est-ce possible d'éradiquer la pauvreté en Afrique ou ailleurs ?

En tous cas, la fin de la pauvreté et le développement économique et social que les pères fondateurs de la Banque africaine de développement appelaient de tous leurs vœux n'ont pas encore vu le jour. La Banque africaine de développement, après 70 ans d'existence, n'a pas réussi à accomplir sa mission. Le guet de la pauvreté semble être, lui, infranchissable.

Aucune stratégie de développement n'a encore réussi à sortir l'Afrique de la pauvreté. Et chaque jour qui passe devient un nouveau piège qui enlise de plus en plus le continent dans la pauvreté, en dépit d'immenses ressources dépensées. Le piège est infernal. Cependant, le pari est à la mesure des ambitions. Que serait devenue l'Afrique sans les financements de la Banque africaine de développement ? La Banque africaine de développement aura tout essayé dans sa difficile mission, mais la pauvreté lui a imposé des limites. La BAD est piégée par la pauvreté.

La Banque africaine de développement réussira-t-elle cette mission ? Tout a été tenté au nom du développement. D'énormes investissements ont été consentis au nom de la lutte contre la pauvreté. Les défenseurs de l'orthodoxie économique et financière ont pourtant été ceux qui ont le plus tiré profit de cette manne financière ; eux qui savent construire des machines et des équipements. L'Afrique est encore à la traîne.

Bientôt un siècle d'existence de la Banque africaine de développement, les riches sont de plus en plus riches et les pauvres de plus en plus pauvres. Les zones rurales qui hébergent plus de 75 % de la population africaine attendent toujours que leur sort soit amélioré. Ces populations aspirent à plus d'égalité pour accéder aux ressources ; elles demandent plus de voix pour la prise des décisions qui orientent la politique de nos États et plus de considération par les gouvernants. Les dirigeants africains sont de plus en plus arrogants face aux plus pauvres, et cela en dépit des énormes progrès réalisés en matière de démocratisation de nos sociétés.

Il est vrai que la BAD, à elle seule, ne peut éradiquer la pauvreté en Afrique. Le développement de l'Afrique ne saurait être la seule affaire de la Banque africaine de développement, sinon cela aurait été une mission impossible. La Banque africaine de développement accompagne plutôt les pouvoirs public et privé ainsi que les populations dans leurs choix de développement. Elle instaure un climat de confiance favorable à l'investissement. D'ailleurs, pendant longtemps et même jusqu'à ce jour, ce sont les pays qui négocient et signent les accords de prêts et de dons.

Chapitre 10
Les défis de la pauvreté

En Afrique, la pauvreté est existentielle. Elle ne se mesure pas aux indices adoptés par la communauté des Nations unies et de la Banque mondiale. En 2002, était considérée comme pauvre aux yeux des agences onusiennes la personne qui vivait avec moins de 2 dollars par jour[68]. La pauvreté ne se mesure ni ne se décrit. Elle se vit. Elle n'a pas de nom, mais elle est image et ressentiment. La pauvreté ne se mesure pas en dollars, mais plutôt en nombre de malades et de morts.

Dans les sociétés traditionnelles africaines, la pauvreté avait un visage humain, même si celui-ci était hideux. Le code social interdisait aux gens de s'attarder sur la misère des autres. L'architecture traditionnelle était conçue de telle sorte que chaque carré de maisons disposait d'un paravent matérialisé par une petite haie à l'entrée principale de la demeure. Cette haie empêchait d'exhiber la misère familiale au regard des passants. Ce paravent de la pudeur préserverait la famille de la compassion, du mépris et de la honte. Il avait un rôle social assez important. Il arrivait que les enfants, après les durs travaux champêtres, attendissent de longues heures, les yeux hagards, un repas hypothétique[69].

Ce chapitre revient sur les stratégies de domestication et de dissimulation de la pauvreté en Afrique (10,1), sur la place de la pauvreté dans la gouvernance de la BAD (10,2) et sur le nécessaire effort qui reste à faire pour repenser la pauvreté au sein de cette institution (10,3)

---

[68] Voir ONU, « Éliminer la pauvreté », disponible sur https://www.un.org/fr/sections/issues-depth/poverty/.

[69] Mwanza, Hugo, and Kabata Kabamba. "Pauvreté et marginalisation rurales en Afrique au sud du Sahara." *Belgeo. Revue belge de géographie* 1 (2002) : 3-16. Pour une analyse critique de l'approche onusienne de la pauvreté, voir Banerjee, Abhijit V., and Esther Duflo. *Repenser la pauvreté*. Paris, France : Éd. du Seuil, 2012.

10.1 La pauvreté dans l'Afrique des zones rurales

En Afrique traditionnelle, les familles extrêmement démunies avaient un mode de vie spécial. Elles savaient développer une ingéniosité remarquable destinée à renforcer la résilience des enfants face à la faim. Les enfants étaient éduqués pour être résilients dans de nombreuses sociétés africaines. Il arrivait qu'une mère de famille allumât un grand feu de bois, y déposa une marmite pleine d'eau afin d'apaiser la faim des enfants. De telles mises en scène savamment orchestrées étaient destinées à dissiper l'angoisse des enfants qui attendaient à manger. C'était une pratique courante dans des sociétés traditionnelles africaines. Il y a eu la survivance de ces pratiques d'enseignement de la résilience dans les zones rurales.

10.1.1 Témoignage d'un rescapé de l'extrême pauvreté

Je me rappelle encore l'histoire émouvante que me raconta un haut cadre originaire du monde rural sénégalais. Il m'avait raconté son histoire en ces termes : *« Un jour, j'avais faim, tellement faim que je ne pouvais pas m'endormir sans avaler la plus petite portion de nourriture ».*

Avoir faim et n'avoir rien à se mettre sous la dent est la forme la plus triviale de se savoir pauvre. Pour les mères de famille, le devoir le plus accompli est de veiller aux besoins primaires de sa progéniture. Mon ami continuait à me raconter son histoire de vie en ces termes :

> *« Chaque heure de repas était un supplice pour ma mère. Pour elle, la vie aurait été plus simple et plus belle sans repas parce qu'elle aurait eu moins d'angoisse à chercher en vain de quoi nourrir ses enfants. Elle avait l'habitude d'allumer un grand feu de bois pour donner l'illusion de préparer un grand repas. Souvent, nous attendions jusqu'à nous endormir. C'était simplement du feu ».*

Il poursuivit son propos en me racontant l'épisode suivant, à la fois terrible et fâcheux, d'un soir de mise en scène des talents de sa mère :

> *« Un jour, je décidai d'attendre que le repas fût servi. J'attendais. Ma mère s'affairait autour du feu. Je défiai le sommeil, le froid et la décence parce que j'avais vraiment faim. À l'époque, il n'était pas question de sortir chercher dans le village où manger. Le dénuement était presque généralisé ; ce fut une période de soudure ».*

Par nécessité de se nourrir avant de dormir, l'enfant décida de suivre la démarche de sa mère jusqu'au bout. Il l'espionna et finit par découvrir que tout cela n'était qu'un stratagème :

> *« Ma détermination était telle que j'avais le sentiment de violer un tabou. Ma mère ne disait mot. Elle s'activait autour du feu et de la marmite. La brave femme continua à se déplacer avec des gestes sans grande précision. Elle surveillait mes mouvements et moi les siens. Dès que je bougeai, elle se leva et s'attaqua à la marmite qui bouillonnait de plus belle manière. La longue louche claquait sèchement sur les rebords de la marmite. Les échos étaient si sonores en me parvenant que je me mis à douter de la consistance du repas. Je décidai d'aller voir le contenu de la marmite en bravant l'autorité de ma mère. Elle me barra le chemin. Je retournai me coucher. Épuisée, ma mère finit par s'endormir elle aussi. Je m'approchai alors de la marmite et l'ouvris d'un coup sec afin de ne pas réveiller ma mère. Le crissement du métal la réveilla quand même. Elle fit un bond, mais j'avais déjà ouvert la marmite. Il n'y avait que de l'eau, rien que de l'eau bouillante ; ni huile, ni grain, ni légume. Une grosse sueur perla sur mon front. Je fus pétrifié devant le comportement que nous imposait la pauvreté. Depuis ce jour, j'avais compris que ma mère, incapable de vaincre la pauvreté qui fut son lot quotidien, était obligée de ruser avec elle pour la survie. Elle rusa*

avec l'hydre de la pauvreté comme on ruse avec la mort ».

Mon ami, qui avait entre 6 et 7 ans au moment des faits, a gardé une image de la misère des familles face à un des nombreux défis de la pauvreté. Le comportement de sa mère fut similaire à celui de milliers d'autres mères dans le monde, et particulièrement en Afrique. Comment peut-on entendre raison quand on est incapable de résoudre un besoin aussi primaire que manger pour vaincre la faim qui vous tenaille ?

En Afrique, la pauvreté n'a pas de nom. Elle est devenue une façon d'être, un mode de vie. La pauvreté est en Afrique et, surtout dans les zones rurales, un monstre qui côtoie au quotidien les vaillantes populations et les foudroie comme un tonnerre. Mais que peuvent faire les pauvres quand le ciel garde sa pluie, la terre exhibe sa stérilité et que la mer lacère son ventre ?

Les défis de la pauvreté sont nombreux. Les conflits, le dérèglement climatique, les catastrophes naturelles, les nombreuses crises sociale, alimentaire, financière, sanitaire ont fortement impacté les économies africaines ; tous ces facteurs ont détérioré les conditions de vie des populations et compromis les différentes opportunités de développement économique et social. Plus de la moitié des pauvres dans le monde sont Africains. Cette situation n'a pas évolué au cours des vingt dernières années, en dépit des progrès économiques réalisés par de nombreux pays. Et la situation fut si préoccupante que le G7 avait convenu d'une rencontre à Biarritz en août 2019 pour se pencher sur le développement en Afrique. Dans son rapport sur la pauvreté publié en 2018, la Banque mondiale signalait que *« l'extrême pauvreté devenait un problème essentiellement africain »*[70].

En Afrique, les ruraux représentent plus de soixante-dix pour cent de la population. Ils vivent dans le dénuement total. Les femmes rurales meurent en grand nombre durant les

[70] Banque mondiale, Compléter le puzzle sur la pauvreté, Rapport 2018 sur la pauvreté et la prospérité partagée, Washington, 2018, Introduction.

accouchements par manque de soins. Même là où les structures sanitaires existent, elles sont en nombre insuffisant, de très mauvaise qualité ou ne disposent pas de personnel qualifié en nombre suffisant. Le déficit en personnel de santé est criant en Afrique. Il arrive que des femmes meurent en travail dans les hamacs qui leur servent d'ambulance et sur lesquels elles sont portées comme des princesses d'une autre époque. Les statistiques sur le sujet sont alarmantes : *« Une femme sur 37 décède pendant l'accouchement en Afrique subsaharienne, près de 180 fois plus que dans les pays européens »*[71].

Les enfants ruraux meurent aussi de paludisme et de maladies diverses, sans aucune prise en charge, faute de moyens. Combien sont-ils, les paysans morts en plein labeur à cause des morsures de serpent ou de tétanos ? Dans la mesure où les zones rurales sont généralement dégarnies en infrastructures de base, notamment écoles, centres de formation, hôpitaux et unités industrielles, les villes qui concentrent l'essentiel des infrastructures exercent sur les populations rurales un attrait irrésistible. Avec ces fortes migrations des zones rurales vers les villes, il s'est créé dans les villes d'accueil des regroupements de jeunes chômeurs ; ces derniers finissent par devenir des marginaux. Ces phénomènes finissent par créer des ghettos urbains où se côtoient grands et petits délinquants. Les crimes, les vols et les agressions de tous genres deviennent monnaie courante dans les capitales africaines. Les jeunes, une fois déboussolés, s'adonnent à tous les vices en attendant de prendre le large pour braver la tempête de la méditerranée et échouer sur les côtes italiennes ou espagnoles.

Ces méfaits du sous-développement ou du mal développement résultant de la mauvaise planification et de la mise à disposition de ressources importantes en faveur des jeunes en général et des ruraux en particulier sont des signes manifestes de la mauvaise orientation des investissements de la Banque

[71] Source : https://www.google.fr/search.

africaine de développement, leader du développement en Afrique.

10.1.2 Une perception déconnectée de la réalité

La perception que la Banque africaine de développement a de la pauvreté en Afrique est différente de la réalité vécue par les populations africaines, notamment celles du monde rural. Je m'en suis rendu compte quand j'ai quitté volontairement la Banque pour retourner dans mon pays servir dans mon village au cœur du monde rural sénégalais. Pis encore, les pilules, savamment dosées dans les salons d'Abidjan, Tunis, Paris, Londres, Washington, Bruxelles ou New York, pour venir à bout de la pauvreté sur le continent, n'ont pas été d'une très grande efficacité. La lutte contre la pauvreté nécessite des actions concertées avec ceux ou celles qui la vivent au quotidien, mais qui ne doivent pas être orientés par des solutions dosées dans les meilleures écoles et centres. L'homme est au début, au centre et à la fin de tout processus de développement.

Les populations africaines continuent de croupir dans la misère. Les foyers de tension continuent de faire rage. Le paludisme décime des millions de personnes tous les ans. Le SIDA ravage les forces vives. Les cerveaux désertent le continent à la recherche d'emplois, là où des richesses se créent. Les populations du continent croupissent en zones rurales, surtout dans l'ignorance et dans la misère. Au lieu d'aller à la rencontre des populations, bénéficiaires de toute action de développement, la BAD fait du développement sur mesure, prompte à se réajuster selon les circonstances. Plus grave encore, elle emploie de plus en plus d'experts dont la connaissance des fondements politiques et culturels de l'Afrique est très limitée. L'Afrique n'est ni l'Amérique, ni l'Asie, ni l'Europe. C'est le seul continent à avoir souffert de la traite négrière et de la barbarie de la colonisation. De plus, l'Afrique ne jouit pas de ses immenses ressources naturelles et demeure également le continent le plus malade de ses intellectuels, bien que disposant d'un potentiel en ressources humaines jamais égalé.

Lors d'une importante rencontre sur la population organisée par la Banque africaine de développement à Abidjan au début des années 1990, l'Afrique était au centre des débats de nombreux experts venus de plusieurs coins du monde. Au bout de trois jours de longs et intéressants débats, les experts avaient estimé que la population africaine devait être mieux maîtrisée. Cette conférence coïncidait avec une période où le SIDA commençait à gagner du terrain. En écoutant quelques orateurs non africains, j'eus le sentiment « coupable » que le SIDA était une arme brandie par des mains invisibles pour stopper la croissance de la population africaine. Les experts non africains s'étaient tellement concentrés sur le souci de contrôler la population que l'on dirait qu'ils étaient moins intéressés par la lutte contre le SIDA et ne se concentraient que sur la réduction de la population africaine. Or, la croissance de la population, si elle est maîtrisée, ne constitue pas un handicap au développement comme en témoignent l'Inde et la Chine. J'eus le sentiment que les experts de la Banque africaine avaient baissé la garde au cours de cette importante conférence, comme s'ils voulurent valider des thèses préconçues à l'époque par l'Organisation mondiale de la santé.

Depuis sa création et au fil des années, la Banque africaine de développement n'a eu de cesse d'ajuster ses tirs sur la pauvreté en Afrique. Elle a régulièrement évalué ses interventions et, au besoin, réorienté ses actions en vue de rechercher plus d'efficacité opérationnelle pour de meilleurs résultats. Ainsi, les différentes directions qui se sont succédé à la tête de la BAD ont constamment engagé des réformes institutionnelles en vue d'améliorer la qualité de ses interventions. La Banque africaine était devenue au cours de son développement un centre de référence en matière de financement du développement en Afrique. Elle se positionnait ainsi comme la voix la plus autorisée de l'Afrique sur les questions de développement économique et social. La BAD a largement contribué à améliorer les conditions de vie des populations africaines. Mais elle n'a pas réussi à atteindre les objectifs que lui avaient fixés ses pères fondateurs.

10.2 Les approches infructueuses de la BAD

En dépit des efforts déployés par l'institution depuis sa création, la pauvreté persiste et change de forme. Au même moment, l'Afrique est exposée à des facteurs limitant sa capacité à nourrir sa population et à former ses jeunes, tout en créant de la richesse et des emplois. La dégradation de l'environnement, l'explosion démographique, la dépendance économique à l'aide des pays nantis, l'absence de tissus industriels capables de transformer les produits de base en produits semi-finis, la timide modernisation des moyens de production, la mal gouvernance ont fini de plomber les perspectives de développement en Afrique.

10.2.1 Absence d'évaluation interne

La Banque africaine de développement n'a jamais produit un rapport descriptif de l'état de la pauvreté en Afrique. Les experts de la Banque africaine de développement décrivent la pauvreté de la même manière que la Banque mondiale, c'est-à-dire en termes de revenus par tête d'habitants. « *Être pauvre c'est vivre avec moins d'un dollar par jour* ». Que fit la BAD au moment où des millions de paysans faisaient face au péril acridien dans les pays du Sahel ? Que fit-elle quand des millions d'Éthiopiens étaient face à la famine la plus dure du siècle dernier ?

Au cours de son évolution, la Banque africaine de développement a longtemps souffert de sa mauvaise politique de crédit. La rigidité des conditions de crédit longtemps imposées aux pays emprunteurs par l'orthodoxie des pays non régionaux n'offrait aucune perspective de progrès notable. Il s'agissait de la politique de crédit de la Banque africaine de développement adoptée en 1994, qui avait ralenti les progrès économiques de nombreux pays. Les réformes consistant à élever le niveau des dons, à augmenter les appuis budgétaires ou à utiliser les fonds fiduciaires n'avaient pas permis de mettre fin à cette discrimination, fatale à de nombreux pays. Si la raison d'une telle discrimination fut justifiée par la nécessité d'assainir les finances publiques dans de nombreux pays, la crise au Zaïre avait montré que les réformes en matière de renforcement de la politique de crédit n'avaient pas eu le succès qui en était attendu.

De nombreux pays ont été contraints pendant de longues années à se limiter aux prêts concessionnels du Fonds africain de développement ; seuls 5 à 6 pays, en majorité d'Afrique du Nord, avaient accès au guichet de la Banque africaine de développement. Le Nigeria n'était pas un pays emprunteur. Avant l'adhésion de l'Afrique du Sud, aucun pays au sud du Sahara n'avait accès au guichet de la BAD. Ce problème longtemps traité avait mis du temps à trouver une solution.

La politique de crédit de la Banque africaine de développement n'a pas permis aux pays les plus pauvres de disposer de ressources suffisantes pour financer des programmes et projets de développement et créer des emplois et de la richesse. En effet, la crise de la dette des pays africains en 1992 a montré les limites de la Banque africaine de développement en matière de politique de crédit. En tant que bras armé du financement du développement en Afrique, la Banque africaine de développement a, certes pour sa survie, durci le ton en adoptant une politique de risque qui plafonnait ses prêts aux pays membres emprunteurs. Elle a par la suite procédé à la révision de sa politique de crédit en affichant une grande prudence vis-à-vis des pays africains à faibles revenus.

Durant la crise de la dette et de la révision de la politique de crédit, la reconstitution des ressources du Fonds africain de développement enregistrait une lenteur jamais observée dans la mobilisation de ses ressources. La crise de la reconstitution des ressources du FAD était intervenue dans un contexte où les pays africains, particulièrement ceux au sud du Sahara, en avaient le plus besoin. L'accès aux ressources du FAD pouvait servir de palliatif à la grave crise de la dette qui les avait secoués. Cependant, les pays nantis qui étaient implicitement à l'origine de la crise de la dette étaient réticents à débloquer les ressources du FAD VII. Ils en étaient les plénipotentiaires. La lenteur des négociations offrait aux pays donateurs du FAD la possibilité de reprendre le contrôle des orientations du développement économique des pays africains.

Les plénipotentiaires du FAD exigèrent avant la reconstitution des ressources du FAD VII une révision de la gouvernance institutionnelle de la Banque africaine de développement, ainsi qu'une rationalisation des effectifs et une politique de crédit plus stricte. La direction de la Banque semblait être visée de la sorte. Aucune approbation n'intervint au titre du FAD au cours de la période allant de 1994 à la première moitié de 1996. Le resserrement des prêts du guichet BAD et les problèmes concernant les prêts du guichet FAD entraînèrent une baisse abrupte des approbations de nouveaux prêts et dons ; ces dernières passèrent de 2 400 milliards d'Unités de compte BAD (UC)[72] en 1991 à 540 millions d'Unités de compte en 1995. En 1996, un accord fut conclu pour une réforme d'envergure de la Banque, ouvrant ainsi la voie à la VIIe reconstitution du FAD, la même année. La cinquième augmentation générale du capital de la BAD devint effective en 1998, renforçant la capacité financière de l'Institution et lui octroyant une bonne signature sur les marchés.

Au cours des conflits et des guerres qui ont embrasé le continent, la BAD a enregistré la destruction de nombreuses infrastructures qu'elle a financées. En sa qualité de banque de développement de rang mondial, la préservation de ses investissements sur le continent constitue un enjeu important. Les pays en crise enregistrent un recul en accumulant des arriérés de paiement. Le seul Zaïre de Mobutu, actuelle République démocratique du Congo, avait accumulé, en dépit de toutes ses richesses, un volume d'arriérés considérés comme l'un des plus importants de l'histoire de la BAD entre 1990 et 1995. Le Zaïre devait être dans le même peloton de tête que le Gabon de Omar Bongo. Beaucoup d'infrastructures furent détruites dans le pays au cours de la guerre civile qui a chassé le Président Mobutu du pouvoir. À cause des conflits, de la dette et du service de la dette, la relance économique fut très lente dans de nombreux pays.

Les crises économiques furent exacerbées par les crises politiques. Les conflits armés et le retour des coups d'État installaient sur le continent un climat de méfiance et

---

[72] Le cours de l'unité de compte BAD est fluctuant.

d'incertitude. Cela poussa la BAD à adopter une attitude de prudence qui ne favorisait pas la promotion d'un développement économique et social durable.

L'attitude de réserve adoptée par la Banque africaine de développement face aux nombreuses menaces lui dictait de ne pas s'inféoder aux affaires politiques des États. Ce sujet a toujours fait l'objet de vives controverses, car au moment où certains observateurs estiment que la BAD ne pouvait pas se taire face au péril politique du continent, d'autres préfèrent que la BAD se limite à sa mission de bras technique pour financer le développement de l'Afrique. Dans tous les cas de figure, même si la Banque mondiale réussit à faire fléchir les dirigeants africains, il fut difficile à la Banque africaine de développement d'en faire autant.

Les dirigeants africains considèrent le plus souvent la Banque africaine de développement comme leur propre institution ; pour bon nombre d'entre eux, les ressources de la BAD devraient être beaucoup plus accessibles. Toutefois, cette perception des dirigeants africains vis-à-vis de la Banque africaine de développement, qui s'installe dès les premières années de sa création, connut des évolutions positives au fil du temps. Dès lors, comment pouvait-on envisager qu'une telle institution puisse imposer des sanctions politiques à ses pays membres régionaux (PMR) au cas où ces derniers ne respectaient pas leurs engagements vis-à-vis de l'Institution continentale ? La BAD fut souvent prise dans les turbulences des crises africaines. À force de s'adapter aux mutations des pays africains, la Banque africaine a su développer une grande capacité de résilience. Elle-même a réussi à se positionner en un centre d'excellence de données économiques et financières sur l'Afrique.

10.2.2 Une bonne gouvernance financière qui ne profite pas à l'Afrique

La Banque africaine de développement s'était très vite engagée dans la promotion de la bonne gouvernance. Cependant, elle s'était aussi très vite heurtée à la règle qui voulut qu'elle en démontrât la capacité dans son propre fonctionnement. Or, la BAD ne parvenait pas à en donner la preuve dans le cadre de ses interventions, à cause des fraudes, des concussions et des mauvais comportements en son sein. En outre, les projets et programmes qu'elle a financés ont plus servi à des acquisitions de biens et services au profit des pays membres non régionaux. La Banque africaine a plus enrichi ses pays membres non régionaux que les pays africains emprunteurs. Les gros bénéficiaires des projets et programmes financés par la BAD sont les États-Unis d'Amérique, la France, la Belgique, l'Allemagne, l'Italie, les pays nordiques et quelques pays des BRICS, dont le Brésil, l'Inde et la Chine.

Les rares pays africains compétitifs en matière de fournitures de biens et services au plan international se comptent sur le bout des doigts, et cela remonte au début du XXIe siècle. Des pays comme le Maroc ou l'Afrique du Sud parviennent à arracher quelques petites parts de marché. À part quelques sociétés d'assemblage et de sous-traitance, aucun pays africain ne figure au top 10 des principaux fournisseurs de la Banque africaine de développement. Or, les projets de la Banque africaine de développement constituent un énorme marché de biens et de services.

Cet état de fait semble trahir la vision et l'engagement des pères fondateurs de la Banque africaine de développement. Ainsi, les ressources de la Banque africaine de développement bénéficient plus aux pays riches qu'aux pays africains. De plus, la plupart des ressources en provenance de l'aide au développement, y compris celles du Fonds africain de développement, sont souvent liées, afin de permettre aux donateurs d'en retirer directement ou indirectement un meilleur profit. La bataille que se livrent les pays développés pour le contrôle de la Banque africaine de développement et de ses marchés n'est pas fortuite, tant s'en faut. Les parts de marchés restent un élément important pour les pays membres non régionaux. L'intérêt majeur de leur adhésion à la Banque africaine de développement est qu'ils puisent en profits d'autant plus qu'ils ne sont pas bénéficiaires des prêts et dons de l'institution. Les gouvernements des pays membres non régionaux, notamment les plus riches, exercent une forte pression sur la direction de la Banque pour bien se servir en postes et en marchés. Cette pression est souvent si forte que l'on pourrait l'assimiler à de la concussion. Pourtant, de grands pays généralement donneurs de leçons de bonne gouvernance en sont maîtres. Ce ne sont pas les membres de la haute direction de la BAD qui diront le contraire. Mon devoir moral de réserve ne me permet pas d'en dire plus.

Le recours à des consultants ne connaissant pas toujours le contexte d'intervention pour conduire convenablement des études stratégiques pour le développement du continent doit être revu et corrigé. Si la plupart des plans et programmes de développement n'ont pas marché en Afrique, c'est parce qu'ils n'étaient pas adaptés au contexte ou n'avaient pas pris en compte la dimension sociologique du développement en Afrique. Il est donc temps de corriger ces anomalies en accordant une plus grande place à la dimension sociale et culturelle du développement dans le cadre des projets et programmes de développement. Sans les hommes et les femmes du continent, point de développement.

La Banque africaine de développement a mis beaucoup de temps à inscrire sa mission dans un cadre simplifié lui donnant le rôle de partenaire de soutien aux pays africains dans leur choix de plans de développement. L'évolution conceptuelle et méthodologique de la notion du développement a contraint la Banque africaine de développement à se mettre à l'écoute des États, au lieu de vouloir tout faire à leur place. D'ailleurs, elle poursuit sur cette lancée en procédant au toilettage des textes institutionnels et au renforcement de la déconcentration et de la décentralisation pour plus d'efficacité opérationnelle.

Les opérations de la Banque africaine de développement furent extrêmement centralisées, jusqu'à ce que l'ouverture des bureaux extérieurs soit effective. L'ouverture de ces bureaux extérieurs ne parvint pas à décongestionner les centres de décision. Les responsables des opérations ont eu plus de pouvoir que les Représentants des bureaux régionaux.

La plupart des documents qui ont inspiré la politique de la Banque en matière de lutte contre la pauvreté se sont inspirés des travaux et pratiques de la Banque mondiale. Les slogans galvaudés de la Banque africaine de développement sont presque tous inspirés par la Banque mondiale. Pourtant, la Banque mondiale est en concurrence féroce avec la Banque africaine de développement sur le continent. La volonté de coopération est plus feinte que réalité. Or, c'est la Banque africaine qui connaît mieux son terrain. Elle partage ses outils et la Banque mondiale s'en sert pour la concurrencer. La plupart des dirigeants africains vouent plus de respect aux experts de la Banque mondiale qu'à ceux de la Banque africaine de développement.

Lors des assemblées de la BAD tenues à Kampala, le Président Ougandais Yoweri Museweni raillait la Banque en déclarant : « *la Banque africaine de développement a la mission d'éradiquer la pauvreté sur le continent et non de la réduire ; alors que vous nous parlez toujours de réduction de la pauvreté* ».

Par exemple, tout comme la Banque mondiale, la Banque africaine de développement avait parié sur la microfinance en vue d'améliorer les petits revenus. Or, la microfinance ne fait pas sortir de la pauvreté. Après bilan, les systèmes financiers décentralisés qui ont pour mission d'absorber les lignes de crédit dédiées à la microfinance ont plus contribué à appauvrir les paysans africains, à cause des taux d'intérêt et des frais de gestion exorbitants.

Qu'adviendra-t-il demain des paysans et de la terre si tous se lançaient dans les petites activités génératrices de revenus ? Au lieu de mettre en place des fonds spéciaux pour financer le microjardinage, les cultures de contre saisons, les programmes d'irrigation, les bassins de rétention, les nouvelles techniques culturales, les semences en vue d'assurer à l'Afrique une sécurité alimentaire, la Banque africaine de développement opère une concentration bureaucratique de ses outils d'intervention dans des mégastructures. En dépit des succès comptables d'une telle orientation, la lancinante question de l'autosuffisance alimentaire en Afrique demeure irrésolue.

10.3. Changements stratégiques impératifs

La BAD doit changer de fusil d'épaule et s'orienter vers des instruments innovants. Elle n'est pas la Banque mondiale, qu'elle suit pourtant aveuglément. Celle-ci a démarré ses opérations à la fin de la Deuxième Guerre mondiale. Comparaison n'est pas toujours raison, mais la Banque mondiale, qui opère sur l'ensemble de la planète, peut se permettre de diversifier ses risques, alors que la Banque africaine de développement ne peut se le permettre, à cause de son champ d'intervention limité à l'Afrique. Si l'Afrique s'embrasait, la mission de la Banque africaine de développement deviendrait impossible.

10.3.1 Les limites d'une approche d'intervention

Les nombreuses crises sanitaires, bien avant même le coronavirus, avaient montré les limites des interventions de la Banque africaine de développement. Les épidémies de sida, d'Ebola, voire de paludisme, ont enregistré des dizaines de milliers de morts sans que la BAD ne puisse freiner l'hécatombe. Les aides alimentaires ou les secours d'urgence ont plus servi à juguler les épidémies qu'à les éradiquer. Jusqu'à ce jour, Ebola continue à tuer ainsi que le paludisme. Il aurait été plus judicieux pour la Banque africaine de développement de s'inscrire dans une dynamique beaucoup plus prospective en dotant les pays de plateaux médicaux compétitifs au plan mondial. L'Afrique continue à soigner ses élites en dehors de son sol et cela en dépit des progrès réalisés dans plusieurs pays tels que l'Afrique du Sud, le Maroc et la Tunisie, qui disposent de bons plateaux médicaux.

Comment la Banque africaine de développement encourage-t-elle la recherche scientifique et la vulgarisation de la connaissance scientifique et technique ? Est-ce que les structures organisationnelles de la Banque africaine de développement sont orientées vers une réponse aux véritables défis du développement en Afrique ? Plusieurs ajustements ont été opérés dans ce sens, mais les résultats restent encore mitigés. Telles sont les questions d'importance capitale auxquelles la Banque africaine de développement devrait apporter des réponses concrètes basées sur des stratégies éprouvées au cours de sa longue expérience au service du développement en Afrique.

La BAD regroupe en son sein plus de 1500 experts, répartis en plus de 60 nationalités, qui travaillent quotidiennement à promouvoir le développement économique et social en Afrique. Mais est-ce que les bénéficiaires sont suffisamment impliqués au niveau de tous les secteurs pour la prise en charge de leurs besoins et de leurs problèmes ?

10.3.2 Mentalité rétrograde et nécessité d'intégration

La BAD est à l'image de l'Afrique, avec sa diversité culturelle, religieuse, linguistique, économique et politique. Cette institution est un bloc hétéroclite d'hommes et de femmes en provenance de divers horizons ; ils ont des croyances et des formations différentes qui s'entrechoquent parfois dans la mise en œuvre de leurs savoirs. La Banque africaine de développement n'échappe pas aux nombreux maux qui minent l'Afrique. Les croyances traditionnelles portées par une élite intellectuelle, experte de surcroît, ont contribué à ralentir le processus de modernisation des pays africains.

En guise d'illustration, rappelons quelques faits liés à la diversité culturelle qui règne au sein de l'institution. L'histoire devrait plus faire pleurer que rire ; cependant, elle fera rire de nombreuses personnes qui n'ont pas encore compris que le fonctionnement de la Banque africaine de développement reflète les réalités des sociétés africaines. Cela s'était aussi produit ou se produit encore dans de nombreuses sociétés occidentales ou américaines. Il s'agit des pratiques irrationnelles afin de bénéficier d'une protection quelconque pour parvenir à la réalisation de son rêve. Un jour, pour la petite histoire, une jeune dame dont je tairais le nom et l'origine fut surprise en train d'immoler un coq dans la salle du Conseil d'administration sur le fauteuil réservé au Président de la Banque africaine de développement. C'était sous la présidence de Babacar Ndiaye. Au cours de la même période, le Secrétaire général Alioune Blondin Bèye fut surpris de trouver 7 canaris alignés le long du couloir qui conduisait à son bureau. Une autre fois, sous le Président Kabbaj, au moment de la mise en œuvre du Rapport Knox, un fonctionnaire fut pris en flagrant délit. Il était tout nu et faisait le tour de l'immeuble du Siège…

Ces pratiques d'un autre âge témoignent de la complexité du fonctionnement culturel et de la performance professionnelle. Dans tous les cas, elles constituent des freins au développement.

L'Afrique doit repenser ses institutions et la culture qui doit y prévaloir. Beaucoup d'efforts ont été déployés par la Banque africaine de développement en vue de promouvoir une véritable culture institutionnelle, mais jamais les vrais problèmes n'ont été posés. Au sein de la Banque africaine de développement, la mixité culturelle invite plus à des comportements de tolérance du genre compromissions plutôt qu'à de compromis. Les pratiques d'un autre âge doivent être revues. Les fonctionnaires de la Banque africaine de développement sont des avant-gardistes et doivent avoir une haute probité morale et intellectuelle. La probité professionnelle est confirmée à tous les niveaux de l'Institution. Il y eut des détournements, des suicides et des cas de harassements sur lesquels je ne m'appesantirai pas.

À l'heure de l'intégration régionale et de la mondialisation, le recrutement et le traitement des fonctionnaires doivent refléter l'équité et la juste rémunération. En outre, les chefs d'État devraient commanditer des audits spécifiques de la gouvernance des institutions sous régionales et régionales pour s'assurer de la bonne gestion des ressources publiques mises à leur disposition. Les critères de choix des dirigeants des institutions doivent aussi être revus et corrigés, en s'assurant que les candidats déclarent leur patrimoine, paient leurs impôts et disposent d'une bonne moralité. Ces dispositions éviteraient des égarements déjà commis par certains d'entre eux.

10.4 Repenser le rapport à la pauvreté

En 1982, en ouvrant son capital aux pays non africains, la Banque africaine de développement avait réussi à consolider sa base financière et à lever d'importantes ressources sur les marchés financiers. Cela est une bonne chose. Mais le conservatisme et la bureaucratie constituent des contraintes à lever. Réfractaire à toute innovation, surtout en matière de financement du développement, la Banque africaine de développement s'est marginalisée avec ses vieilles méthodes qu'elle tente de renouveler. Ses procédures administratives sont régies par les mêmes normes. Elle ne crée pas, mais suit aveuglément ce que fait la Banque mondiale ; ce mimétisme est observé jusque sur le terrain africain qu'elle est censée mieux connaître.

Le mimétisme de la Banque africaine de développement a fait dire à ses détracteurs qu'elle a perdu son âme et sa crédibilité ; parce que le cocktail concocté par la Banque mondiale pour venir à bout de la pauvreté en Afrique ne marche pas. Jay Cox, ancien Vice-président de la Banque mondiale chargé de l'Afrique, avait, semble-t-il, reconnu l'échec de l'institution de Bretton Woods en Afrique. La Banque mondiale n'avait pas adopté une bonne approche des questions africaines ; non pas par manque d'expérience, mais plutôt par une connaissance insuffisante des réalités du continent par la plupart de ses experts. Les politiques qui avaient été menées sous la Vice-présidence de Jay Cox ne donnèrent guère les résultats escomptés. Ce fut un cauchemar pour de nombreux pays africains. À l'époque, peu d'Africains avaient des leviers importants au sein de la Banque mondiale. Les politiques d'ajustement structurel furent des échecs pour l'Afrique.

Ce n'est pas parce qu'un Président de la Banque mondiale a visité des pays pauvres et s'est rendu auprès des populations les plus démunies qu'il peut avoir une bonne compréhension de la pauvreté en Afrique. *« La pauvreté,* ironise l'ancien Président sénégalais maître Abdoulaye Wade, *ne se mesure pas à l'aune du dollar ».* Elle ne repose pas sur une simple analyse financière, mais plutôt sur une bonne analyse socioéconomique.

La Banque africaine de développement n'a jamais été très bien comprise par les populations africaines dans sa lutte contre la pauvreté et pour l'indépendance économique du continent. Sa position sur la dette et l'aide publique au développement fut timide et marginale. Elle ne réussit pas à articuler une stratégie. La dette fut une question politique qui devait se résoudre politiquement, pourvu que l'on posât correctement les problèmes réels. La Banque africaine de développement a continué à s'activer sur des schémas techniques et des stratégies afin de résoudre la difficile équation de la lutte contre la pauvreté.

Les organisations non gouvernementales et la société civile sont des partenaires incontournables. Malheureusement, la collaboration de la Banque africaine de développement avec ces organisations est restée à un stade embryonnaire, en dépit des efforts déployés par l'institution. Dans les années 1990, la Banque africaine de développement avait mis en place un cadre de concertation avec les Organisations non gouvernementales (ONG) et la Société civile. Mais les rencontres annuelles ne donnèrent jamais les résultats escomptés. Il y eut trop de « conflits » avec les ONG, dans la mesure où la Banque affichait de l'autoritarisme et du mépris à l'égard de la société civile. Elle choisit les stratégies à la place de ses partenaires de la société civile, qui eurent vite fait de la taxer d'institution réactionnaire. Aujourd'hui, même si les données ont changé, la BAD cherche à développer un partenariat plus actif avec les ONG. Pour les responsables de la Société civile africaine, la Banque africaine de développement ne pense qu'en termes d'argent pour résoudre les problèmes de développement, alors que le problème, selon eux, est plus complexe que cela. Les ONG africaines estiment que la Banque africaine de développement est tournée vers des projets à fort potentiel financier, assurant des retours sur investissements. La Banque vit de la richesse de ses pauvres. Pour son fonctionnement, elle consomme annuellement des dizaines de millions de dollars. Or, un seul don sur les revenus nets de la BAD, accordé à un centre de recherche, pourrait changer la vie de milliers d'Africains. Elle a commencé à s'y mettre, pour le bonheur des chercheurs et des praticiens.

Les priorités de développement souvent définies sans consultation avec les communautés de base connurent des échecs dans la plupart des pays africains. La gestion verticale avec des objectifs plus politiques que de développement au profit des populations était vouée à l'échec, malgré les ressources importantes consenties en faveur des projets de développement. Les options, le plus souvent articulées autour d'enjeux importants pour les pays riches, permettent à ces derniers de gagner des parts de marchés ou d'avoir la mainmise sur des pans entiers des économies africaines.

À chaque cycle de développement, il y eut un thème dominant : le développement rural, la femme dans le processus du développement, la sécurité alimentaire, l'intégration régionale, les infrastructures, l'énergie, la gouvernance, la transformation structurelle. La première décennie du XXXIe siècle aura été marquée par les infrastructures et la gouvernance. Cela est matérialisé en Afrique par des interventions d'envergure dans ces secteurs avec la construction de routes, de ponts, de chemins de fer, de ports et d'aéroports. Or, ces infrastructures requièrent des technologies de pointe dont l'Afrique ne dispose pas encore en nombre suffisant. Les bénéfices que les Occidentaux tirent de ces importants chantiers ont fini de convaincre sur l'impertinence des stratégies de développement inspirées par les partenaires occidentaux. Il en va de même de la gouvernance, car les corrupteurs qui mettent sur le banc des accusés la plupart des États africains ne sont autres que les pays riches. En effet, ce sont généralement les émissaires des Occidentaux qui négocient avec les gouvernements africains et qui proposent des pots de vin pour ensuite dénoncer ces derniers, une fois que les difficultés apparaissent. Il n'y a pas d'éthique dans cette façon de faire et, malheureusement, le doigt est toujours pointé sur les États ou les gouvernants des pays pauvres.

Les interventions pilotées par des forces extérieures au continent ont fini par satisfaire les besoins économiques des non régionaux et pas ceux des populations africaines. Les pays donateurs reprennent par la main gauche, ce qu'ils ont donné par la main droite, tirant ainsi plus de gains directs des interventions de la BAD que les pays africains pour lesquels la Banque a été créée. Ces derniers sont certes bénéficiaires des réalisations, mais la plupart des marchés sont exécutés par les pays membres non — régionaux. La bataille que ces derniers se livrent découle de cette compétition au niveau des marchés.

L'Afrique a eu certainement du mal à atteindre les Objectifs du millénaire pour le développement. Il risque d'en être de même pour les Objectifs du développement durable, si elle ne prend pas en main son destin. Aujourd'hui, la sécurité alimentaire est un enjeu important du développement durable. Une bonne alimentation contribue à la protection de la mère et de l'enfant, à l'autonomisation des femmes rurales et à la protection de l'environnement. L'Afrique, qui détient un fort potentiel pour le développement agricole, doit s'orienter vers la promotion de l'autosuffisance alimentaire en mettant à profit ses réserves en eau et ses terres fertiles. Pour atteindre cet objectif, les terres ne doivent plus être bradées aux multinationales en quête de réserves énergétiques ou de développement de nouveaux marchés. La motorisation de l'agriculture, soutenue par des investissements structurants, permettra d'assurer un développement rapide du potentiel agricole en Afrique.

La Banque africaine de développement doit accompagner l'Afrique à assurer non seulement sa sécurité alimentaire, socle de la mise à mort de la faim, qui est la première source de pauvreté. L'espoir est aujourd'hui permis avec le Président A. Adesina du Nigeria, qui s'est fortement engagé à nourrir l'Afrique avec les investissements importants consentis par la BAD. La BAD aura-t-elle les coudées franches et les moyens d'atteindre cet objectif ? J'en doute fort, si on se souvient du refus des pays du G20 d'aider l'Afrique à disposer de réserves pour assurer sa sécurité alimentaire. Il est évident que le stockage de réserves alimentaires par l'Afrique pourrait affecter l'approvisionnement de l'occident en produits de base, et par conséquent ralentir la production industrielle, au point d'impacter négativement les revenus des populations.

Dans le Plan stratégique de la BAD (2010-2014), on notait une prise de conscience aiguë des responsables de la banque relative au secteur agricole. Selon le document, l'agriculture jouait un rôle crucial dans la réalisation des objectifs de développement visant à promouvoir la croissance et à réduire la pauvreté en Afrique. En effet, toujours selon la Banque, l'agriculture

> « *fournissaient les moyens de subsistance à 80 % de la population africaine, en plus de créer des emplois pour environ 60 % de la population économiquement active et pour environ 70 % des populations les plus pauvres sur le continent. Les crises financière et alimentaire mondiales ont mis en exergue le rôle important dévolu au secteur agricole, donnant ainsi la preuve que pauvreté et insécurité alimentaire vont de pair* ».

Pourtant, dans les sociétés traditionnelles africaines, les paysans parvenaient à assurer leur sécurité alimentaire à la force de leur biceps quand le ciel acceptait de déverser ses lames de pluie sur une terre généreuse. Ces braves paysans nourrissaient les citadins. Mais, leurs efforts ont toujours été mal rémunérés.

Au lieu d'investir dans le développement de nouvelles techniques culturales, de nouvelles pistes rurales pour faciliter la commercialisation des produits agricoles, la Banque africaine de développement s'était plutôt contentée d'organiser des séminaires destinés à renforcer les capacités des paysans sans leur fournir des instruments modernes de production. Les interventions de la Banque africaine de développement dans le secteur agricole manquaient d'ambition. Depuis l'arrivée du

Président Akin A. Adesina du Nigeria, qui a remplacé Donald Kaberuka, la Banque africaine de développement a misé sur une production agricole à l'échelle continentale pour assurer la sécurité alimentaire en Afrique. La Banque a conduit les paysans africains à diversifier leurs sources de revenus, avec la mise en place de projets alternatifs. Or, cette diversification nécessitait au moins un secteur de production. Aujourd'hui, quel est le paysan africain qui vit décemment de sa production ? Que fait alors la Banque africaine de développement pour garantir aux paysans le prix minimum ? Ces derniers n'ont toujours pas compris l'utilité des institutions de financement du développement qui leur paraissent, dans la plupart des cas, inadaptées à leurs besoins. La Banque africaine de développement n'est pas en reste.

Chapitre 11
Réinventer la BAD

L'Afrique se réinvente. La Banque africaine de développement doit aussi se réinventer. Les différentes directions de la BAD ont engagé des séries de réformes, de réorganisations, de restructurations et d'orientations stratégiques, sans pour autant réussir à atteindre les objectifs que les pères fondateurs appelaient de tous leurs vœux. Le projet de développement économique et social des pays africains pris individuellement ou collectivement a connu des progrès quelque peu mitigés. Ce chapitre propose trois niveaux de réformes nouvelles qui engendreront des changements profonds au niveau de la gouvernance et de la stratégie institutionnelle : la politique de mobilisation des ressources financières (11,1), la redéfinition des secteurs prioritaires (11,2) et la nécessaire autonomie de la BAD vis-à-vis de l'extérieur pour un meilleur rapport de l'institution aux besoins réels des sociétés africaines (11,3).

11.1 Changer de politique de mobilisation des fonds

L'économie africaine a longtemps évolué en dents de scie. Le continent dont la marche de la Banque africaine de développement a épousé les contours a enregistré au cours de son évolution de multiples crises. À la suite de l'esclavage, de la traite négrière et de la colonisation, l'Afrique a été frappée par de nombreux maux. Les maux les plus sévères auxquels firent face les économies des pays africains furent les crises sociopolitiques, les calamités naturelles, la crise alimentaire, la crise financière, et, enfin, les graves crises sanitaires dominées récemment par la pandémie à coronavirus.

Ces différents obstacles au développement ont contraint les pays africains à expérimenter plusieurs modèles de développement. Les anciennes métropoles ont continué à exercer une forte influence sur les choix de développement des anciennes colonies. Cette influence s'est étendue à un modèle de protectionnisme pour ne pas dire de chasse gardée, reprochée à la France par rapport à ses anciennes colonies. Ce protectionnisme, qui relève de la politique, a la plupart du temps été une contrainte à la capacité de manœuvre de la Banque africaine de développement. Celle-ci négocie parfois avec ces anciennes métropoles dans le choix et les modalités de financement des opérations d'envergure à mener dans les anciennes colonies.

À cela s'ajoutent les affres du capitalisme international, avec une forte dose d'ingérence politique de tous ordres sous le manteau de l'aide au développement ou des investissements. L'Afrique s'en est toujours sortie avec une plus grande capacité de résilience aux chocs externes.

Par ailleurs, la dépendance trop marquée de la BAD à l'égard de la Banque mondiale discrédite l'institution panafricaine. Il est vrai qu'il y a eu des accords visant à harmoniser et à sécuriser leurs interventions sur le continent, mais cela ne constitue pas une raison de devenir une pâle copie d'elle. La Banque africaine de développement gagnerait à s'imposer comme une grande institution crédible et de surcroît, panafricaine.

Ce n'est pas étonnant que des chefs d'État narguent la BAD en ces termes : « *Dans la mesure où la Banque africaine de développement mime la Banque mondiale, mieux vaut s'adresser directement à cette dernière plutôt que de perdre du temps avec la BAD* ». Copier servilement la Banque mondiale comme le ferait la Banque africaine de développement n'est pas toujours du goût des dirigeants africains, ni même de ses experts. Ces derniers s'en plaignent constamment ; en tout cas, du temps où j'y officiais. La Banque africaine de développement a un avantage comparatif sur le continent qu'aucune autre institution ne pourrait avoir. Elle aurait donc pu en profiter pour dicter aux autres la voie africaine. Cependant, elle n'a pas réussi à s'imposer de la sorte. Ces errements sont le résultat des dysfonctionnements internes de l'organisation de la BAD face à l'efficacité opérationnelle.

Il est vrai qu'elles sont toutes deux des banques multilatérales ayant cumulé de riches expériences et une solide expertise en matière de financement du développement. La spécificité de la BAD est que ses interventions se limitent sur le continent africain, contrairement à la Banque mondiale qui, comme son nom l'indique, intervient dans tous les coins de la planète. Cependant, même si les deux institutions ont tenté d'apporter des réponses au problème de développement du continent, aucune d'elles n'a pu réussir à faire reculer la pauvreté, en dépit d'immenses ressources consenties.

L'approche des experts de ces institutions ne leur a pas permis de bien cerner la délicate question de la pauvreté et d'y apporter les réponses appropriées. La complexité du mal développement requiert des approches multisectorielles et inclusives. Au lieu de laisser les commandes des opérations aux mains des pays eux-mêmes, la Banque africaine de développement, tout comme la Banque mondiale, a imposé son *diktat*. Des choix de modèles de développement leur furent imposés. La plupart des projets échouèrent à atteindre leurs objectifs.

Les pouvoirs publics ont encore en mémoire le trauma né des programmes d'ajustement structurel des années 1980. Les bailleurs de fonds furent responsables de ces échecs. Aujourd'hui, les temps ont changé. La pauvreté, quant à elle, n'a pas changé. Elle s'est juste collée aux réalités du temps.

L'avenir de la Banque africaine de développement doit se lire par rapport à la nécessité de changer de paradigme, eu égard aux grands bouleversements économiques qu'a connus le monde. Les donateurs ne seront plus en mesure de fournir l'aide escomptée par l'Afrique. Les donateurs ont de plus en plus du mal à respecter leur engagement en faveur de la solidarité internationale. Il est donc temps que la Banque africaine de développement revoie sa copie en matière de politique de mobilisation des ressources, de partenariat et de financement. La superstructure qu'elle a toujours été ne répond plus aux exigences du marché mondial ni à celles de l'évolution économique de l'Afrique. Sélectivité, indicateurs de performance basés sur les résultats, efficiences et efficacités, allocation et gestion parcimonieuse des ressources sont aujourd'hui des notions qui doivent s'adapter à une structure de contrôle plus rationnelle et moins politisée.

11.2 Redéfinir les secteurs prioritaires

Le financement du développement en Afrique devrait être revu afin qu'il cible des secteurs et des priorités. Le mode d'intervention reste empreint de bureaucratie et ne garantit pas l'efficacité à lutter contre la pauvreté. Au lieu de créer une multitude de fonds et de portefeuilles qui varient selon les réformes engagées, la Banque africaine de développement devrait être remodelée. Il devient urgent de repenser la Banque africaine de développement ; pourquoi pas aussi la Banque mondiale et les banques multilatérales de développement ?

Les multiples efforts visant à remodeler la BAD et à la rendre plus efficace n'ont pas toujours donné les résultats escomptés. Il est donc urgent de repenser la Banque africaine de développement en tirant les leçons des multiples exercices de restructuration déjà opérés. Qu'est-ce qui ne marche pas au sein de la BAD ? Les écueils insurmontables par l'institution sont-ils liés aux hommes ou à l'organisation ?

La meilleure performance de l'institution résiderait dans sa capacité de se passer de l'aide. Une institution continentale du rang de la BAD ne peut pas assurer son fonctionnement à travers l'aide mobilisée par le fonds africain de développement. J'ai eu à le dire maintes fois, alors même que j'étais encore fonctionnaire de la Banque. La Banque africaine de développement devrait pouvoir se passer du FAD. Car, tant que les ressources du FAD constitueront un bouclier aux charges de fonctionnement, la compétitivité de l'institution restera problématique. Les donateurs disposeront toujours de moyens de faire pression ou de bloquer le fonctionnement de la BAD, comme ce fut le cas au moment de la reconstitution du FAD VII. Les reconstitutions des ressources du FAD ont toujours été des étapes décisives dans la vie de la Banque africaine de développement.

Comme le souligne Dambisa Moyo[73], l'aide au développement a ses vices et ses imperfections. Elle est source de corruption et de mal gouvernance, tant de la part des donateurs que des récipiendaires. Le rapport final de la conférence régionale de l'Aide pour le commerce — conjointement organisée par l'Organisation mondiale du commerce (O.M.C.), la Commission économique des Nations Unies pour l'Afrique (CEA-ONU), la Banque africaine de développement (BAD) et le gouvernement tanzanien — s'est tenu à Dar es Salam (Tanzanie) les 1er et 2 octobre 2007. À la suite de cette rencontre, on note ce qui suit :

> *« ... La communauté internationale pourrait et devrait jouer un rôle de soutien s'agissant d'aider les pays d'Afrique à atteindre leurs objectifs dans le domaine du commerce. Les donateurs doivent donner suite aux engagements qu'ils ont pris à Monterrey, Gleneagles, Hong Kong et ailleurs d'amplifier notablement l'aide au développement et de l'acheminer plus efficacement, comme convenu dans la Déclaration de Paris ».*

Dans le même temps, on note des retards structurels dans l'équipement du continent pour tirer le meilleur parti des échanges internationaux. . La même source note que

> *« même si des progrès sont accomplis sur ce front, l'ampleur des besoins de l'Afrique en matière de capacité commerciale dépasse largement l'assistance disponible. Il faut manifestement accroître et renforcer les incitations à développer les partenariats entre secteur public et secteur privé — en ayant en particulier recours à l'aide au développement et aux prêts multilatéraux pour mieux tirer parti des investissements privés nationaux et étrangers ».*

---

[73] Moyo, Dambisa. *Dead aid: Why aid is not working and how there is a better way for Africa*. Macmillan, 2009.

L'aide a toujours été un saut dans le vide. Aucun pays n'a pu se développer unilatéralement sur la base de l'aide. Quoique l'aide soit bien appréciée par certains, d'autres pensent que les pays les moins avancés devraient plus miser sur des changements de comportements que sur l'aide pour un développement soutenu. L'aide à elle seule ne saurait suffire pour assurer le développement. Le développement est d'abord une affaire de mentalité et de comportement avant de devenir une affaire de ressources. Car, un pays peut disposer d'importantes ressources financières et matérielles sans être en mesure d'assurer son développement économique et social. Il en est ainsi des pays qui ne disposent pas de ressources suffisantes, pas même de ressources naturelles, et qui font des progrès remarquables en matière de développement. C'est le cas de la Corée du Sud.

Le Cap Vert est un pays qui a forcé le respect par ses progrès impressionnants en matière de gestion des finances publiques, de gouvernance et de transition démocratique. Or, le Cap Vert ne dispose d'aucune ressource naturelle, même pas de ressources suffisantes en eau douce. Malgré ses handicaps, le pays est parvenu à passer du statut de pays pauvre très endetté à celui de pays à revenus intermédiaires.

Les pays africains sont interpellés par les vicissitudes de l'aide au développement, qui les plongent dans un cercle vicieux de dépendance sans progrès notoire. Même si on ne peut pas se passer de l'aide parce qu'elle est le symbole manifeste de la solidarité internationale, il est imprudent d'en dépendre. Par ailleurs, les donateurs manquent souvent de transparence dans l'allocation de l'aide. Selon l'étude du groupe de pression PWYF[74]

> « *Le manque de transparence est en partie responsable des gaspillages, des doubles emplois et de l'inefficacité de l'aide. Il entrave les efforts*

[74] Publish What You Fund (PWYF) [publiez ce que vous financez], publiée en 2011

réalisés en vue d'améliorer la gouvernance et de réduire la corruption et rend l'évaluation des résultats difficile. À une époque où les budgets consacrés à l'aide étrangère sont soumis à des pressions particulièrement fortes, il importe plus que jamais de favoriser la transparence et la reddition de comptes »[75].

11.3 Autonomie et adaptation aux besoins réels du continent

À un tournant décisif de son histoire, l'Afrique devra compter sur elle-même. Elle en a les moyens, avec les ressources inestimables dont elle dispose. Dans un tel contexte, comment la Banque africaine de développement devrait-elle s'y prendre pour définir des politiques et stratégies susceptibles de sortir le continent de la pauvreté et nourrir, vêtir, soigner et éduquer décemment les populations africaines ? Comment la BAD peut-elle rationaliser ses ressources et/ou celles mises à sa disposition pour investir dans des projets à fort impact sur le développement ? Pour parvenir à ces résultats, il est temps de remettre en question la superstructure de la Banque et l'adapter aux besoins réels du continent. Toutes les réformes qu'elle a menées au fil du temps n'ont pas donné les résultats attendus par les pères fondateurs.

L'absence d'études sociologiques sérieuses et le déficit d'une prise en compte de la dimension socioanthropologique du développement[76] ont montré l'inaptitude de l'institution à répondre aux préoccupations des Africains. Peu d'experts non régionaux savent que le Cap Vert, la Guinée et la Guinée-Bissau voire l'Angola sont des pays liés par l'histoire de la lutte contre l'occupation portugaise.

---

[75] *Ibid.* Dans l'ensemble, les résultats sont très décevants, estime Karin Christiansen, directrice de PWYF.

[76] Sur ce point, voir l'ensemble des travaux d'Olivier De Sardan, et notamment *Anthropologie et développement. Essai en socio-anthropologie du changement social*. Karthala Editions, 1995 et (avec Thomas Bierschenk). "Les courtiers locaux du développement." *Bulletin de l'APAD* 5 (1993).

Il est temps de changer la culture de l'Institution et d'adapter son environnement de travail et ses méthodes aux exigences de l'Afrique. La Banque doit associer de façon intensive les populations africaines à son travail pour qu'elles lui apportent leurs connaissances et expériences sur le terrain. Cette approche aurait l'avantage d'améliorer ses résultats. La prise en compte des grandes initiatives en cours sur le continent devrait s'approfondir et se poursuivre. Ces initiatives sont inscrites dans le plan d'action du Nouveau partenariat pour le développement de l'Afrique (NEPAD), pour lequel le Comité des Chefs d'État et de gouvernement chargé de la mise en œuvre avait confié à la Banque africaine de développement la mission de jouer le rôle de leader dans les secteurs des Infrastructures, des normes financières et bancaires et de la gouvernance en coopération avec la commission économique et sociale des Nations unies pour l'Afrique (CEA).

Pour jouer son rôle de moteur de la croissance et du développement économique et social en Afrique, la Banque africaine de développement doit être, avant tout, une banque africaine au service des populations africaines. Il est donc devenu impératif de restructurer profondément la Banque africaine de développement. Cette restructuration ne devrait pas se limiter à des *liftings* structurels ou des changements de responsabilités ou de personnel. Au stade actuel de son développement, et compte tenu de ses difficultés à décoller pour assurer un mieux-être à ses populations, l'Afrique a-t-elle encore vraiment besoin de la Banque africaine de développement en son état actuel ?

La marginalisation industrielle de l'Afrique risque de perdurer si une nouvelle conscience du développement ne venait pas à naître. À ce jour, aucun pays africain n'a atteint un niveau de développement industriel lui permettant de satisfaire les besoins les plus élémentaires du continent en biens et équipements ; pas même l'Afrique du Sud ou le Maroc, en dépit des efforts consentis.

Les grandes mutations en cours dans le financement du développement en appellent à repenser la Banque africaine de développement ; cela aboutira à scinder l'Institution en plusieurs outils de financement orientés vers des secteurs porteurs de croissance. Cela aiderait à mieux cibler les interventions pour plus d'efficacité et de meilleurs résultats. On pourrait à cet effet créer des outils d'investissement pour l'industrie, les infrastructures, l'éducation et la formation, le développement rural, la recherche et les nouvelles technologies ainsi que l'environnement. Cette approche nécessitera des industries de financement plus allégées et offrirait l'opportunité de développer des compétences en matière de consultance et de formation dans divers domaines.

L'impossibilité d'allier la demande socioéconomique des populations africaines aux exigences de l'orthodoxie financière impose un changement de cap à la Banque africaine de développement. La refonte de la Banque africaine de développement est peut-être la seule forme de restructuration pas encore effectuée en vue de lutter efficacement contre la pauvreté.

Les priorités de développement souvent mal définies, sans consultation avec les communautés de base, ont abouti aux échecs de nombreux projets et programmes de développement dans les pays africains. La gestion verticale, avec des objectifs plus politiques que de développement au profit des populations, est vouée à l'échec, malgré les ressources importantes consenties en faveur des projets de développement. Les options, le plus souvent articulées autour d'enjeux importants autres que le développement des pays pauvres, ont permis à des pays nantis de gagner des parts de marchés et de continuer à avoir la mainmise sur des pans entiers des économies africaines.

Les bénéfices que les Occidentaux tirent de ces importants chantiers ont fini de convaincre sur l'impertinence des stratégies de développement inspirées par les partenaires occidentaux. Les pays africains ont abouti à l'amer constat que les financements octroyés par les banques multilatérales et les bailleurs de fonds, même s'ils jouent un rôle essentiel, restent généralement insuffisants pour financer les ambitieux projets de développement de l'Afrique.

Les modes de mobilisation de ressources et de financement de la Banque africaine de développement devraient être revus et corrigés. Des stratégies plus innovantes sont à étudier, telles que les bons de la diaspora, qui permettront aux émigrés d'investir dans leurs pays d'origine et de participer à l'effort de développement national, en offrant à leurs parents et compatriotes du travail à travers les projets financés avec leur argent. Les bons pourront être libellés en monnaie locale ou en devises selon les objectifs visés, qu'il s'agisse d'un emprunt d'État ou d'investissements privés.

Les bons de la diaspora pourront être garantis (bonification des taux d'intérêt, assurance-risque, etc.) par des institutions financières telles que les banques, les fonds mutuels ou de garantie. Les bons de la diaspora seront structurés comme tout autre bon de trésor du marché. Ils pourront être vendus aux émigrés par le gouvernement ou des sociétés privées ou semi-privées. Les bons seront tirés en petites coupures à destination des individus ou de groupes d'émigrés.

L'apport des émigrés dans de nombreux pays mérite d'être cité en exemple. C'est le cas du Brésil, du Mexique, de la Turquie, de la Chine, de l'Inde et de la Malaisie où la diaspora a, en plus des transferts de fonds habituels, émis des bons (obligations) de la diaspora. Pour cela, il est nécessaire d'organiser la diaspora et, en étroite collaboration avec le gouvernement et le secteur privé, mettre en place des structures destinées à capter les ressources des migrants pour des investissements productifs DPPP (Diaspora Partenariat Public Privé).

Le nombre total des émigrés africains est estimé à 23 millions dans le monde, avec 30 milliards de dollars d'économie annuelle. Le transfert des fonds de la diaspora africaine est devenu aujourd'hui un enjeu de développement important. Les transferts de fonds des migrants africains dépassent de loin l'aide publique au développement, mais restent très largement complémentaires à cette aide publique à laquelle ils ne sauraient se substituer[77].

Les exemples ne manquent pas en Afrique à propos des tentatives de capitalisation sur les ressources de la diaspora. Plusieurs pays, y compris le Rwanda, la Zambie, le Ghana, le Nigeria, le Cap Vert, le Mali, le Zimbabwe, ont tenté de capitaliser les ressources de la diaspora pour financer des projets de développement.

En ce XXIe siècle, l'Afrique est au tournant de son histoire afin de réussir le pari d'un développement économique et social durable. Le continent a su former des élites dans tous les domaines de compétences, avec une population jeune et une forte proportion de sexe féminin. La population africaine est très jeune ; d'où l'urgence de tirer profit du dividende démographique et des nouvelles technologies de l'information et de la communication.

Les bras armés du continent en matière de politique et de financement que sont l'Union africaine et la Banque africaine de développement devraient jouer pleinement les missions qui leur sont dévolues depuis leur création au lendemain des indépendances.

L'Afrique doit désormais aller à la conquête du monde, avec tout son potentiel économique qui attire les investisseurs de tous bords. Les batailles de leadership que se livrent les grandes puissances économiques sur le continent devraient être rangées dans les tiroirs du passé, parce qu'elles appartiennent à une période révolue. Dans le nouvel ordre économique mondial, l'Afrique cherche à s'imposer à la face du monde comme une puissance économique.

---

[77] Sur cette complémentarité, voir l'étude de Mouhoud, El Mouhoub. "Les transferts d'épargne des migrants vers les pays d'origine: un enjeu économique pour le développement." *Revue d'économie financière* (2016): 223-237.

L'esprit des pères fondateurs de la Banque africaine de développement était marqué par un refus de dépendance et par une volonté de se prendre en charge, quel que soit le prix à payer. Les générations qui les ont suivis ont travaillé afin d'assurer la stabilité financière et politique de l'institution, à tel point que la BAD est devenue au fil du temps une institution crédible aux niveaux africain et international. Cependant, il reste des pans de l'institution à renforcer, notamment son autonomie de décision.

Le secteur bancaire africain est en pleine mutation. Les banques généralement frileuses pour tout ce qui touche les investissements au profit des entreprises entièrement contrôlées par des Africains ne font que la part belle aux grandes entreprises étrangères. De tels comportements sont sources de conflits et de xénophobie, car le décollage économique du continent nécessite des investissements importants dans des secteurs tels que le développement rural, l'industrialisation, l'environnement, l'éducation, la recherche et le développement technologique, l'enseignement, ainsi que la formation professionnelle.

Le développement des PMI/PME est freiné par le manque de financement. Ce manque de financement est le résultat de la rétention exercée par les puissantes oligarchies qui ne veulent laisser aucune place, aussi infime que cela soit, aux entreprises africaines.

Le continent, bien qu'ayant enregistré de bonnes performances économiques, est encore à la traîne du progrès, à cause de la politique déloyale exercée par les pays nantis qui vont jusqu'à s'opposer à la constitution de réserves de sécurité alimentaire, au risque de réduire l'approvisionnement en produits de base à leurs grandes entreprises.

Les Occidentaux campent sur des positions paradoxales qui freinent la motorisation de l'agriculture africaine, au risque de favoriser la compétition avec leurs agriculteurs sur le marché international. S'y ajoute le fait que les Européens et les Américains accordent d'importantes subventions à leurs agriculteurs tout en refusant à l'Afrique le droit de le faire. La

Banque africaine de développement devrait-elle se plier aux injonctions des pays riches contre le décollage économique du continent ?

Le monde n'est pas régi par des règles de commerce équitable. Il appartient donc aux pays africains de s'appuyer sur leur bras financier qu'est la Banque africaine de développement pour penser et dérouler leur propre modèle de développement. Pour cela, ils devraient compter sur leurs propres moyens. Les atouts à la disposition du continent sont nombreux et divers.

L'Afrique doit être le maître de Son Destin, à l'image de Nelson Mandela qui disait : « *Je suis le maître de mon destin* ». L'Afrique est un continent qui bouge et qui fait bouger le monde. L'avenir du monde se joue au rythme de l'évolution du continent noir. C'est la raison pour laquelle tout s'y fait et le monde s'y croise. L'Afrique est devenue le champ des grandes batailles économiques. Il est donc impératif que la cloche des réformes sonne sur le continent afin de changer de cap. C'est dans un tel contexte qu'il convient de procéder en urgence à la refonte de la Banque africaine de développement en créant des structures plus souples et plus aptes à conduire efficacement la mission de financement du développement en Afrique. Le temps est donc venu de transformer la Banque africaine de développement en des outils de financement et de garantie plus souples par secteur et par région, afin de répondre à la demande des populations africaines. La BAD pourra-t-elle sortir les Africains du cercle vicieux de la pauvreté ?

Conclusion générale
De la nécessité de repenser la BAD

Au lieu de procéder à des séries de réformes et de restructuration comme cela a été constamment le cas, l'Afrique devrait repenser sa Banque. Vieille de 60 ans, la BAD doit prendre le grand virage et faire sa cure de jouvence. Il ne s'agira ni d'orientation stratégique ni d'introduction de nouveaux instruments, mais plutôt de redéfinir la mission qui lui avait été assignée par ses pères fondateurs. Même si cette mission reste fondamentalement de promouvoir le développement économique et social des pays africains pris individuellement ou collectivement, les nouveaux paradigmes de la marche de l'Afrique en demandent une nouvelle lecture.

En fait, les résultats très élogieux obtenus par la BAD au cours de son évolution n'ont pas réussi à vaincre la pauvreté, ni à faire espérer la majorité des Africains, pour la plupart des ruraux, de sortir du marasme du dénuement. Est-ce parce que la mission est impossible ou alors parce qu'elle avait été mal définie ? Dans tous les cas, les pauvres continuent de vivre au quotidien dans le combat contre la pauvreté.

De 1964 à 2014, la BAD aura cumulé plus de 4200 opérations estimées à quelques US $1000 milliards. Comment est-ce que cette manne financière a contribué à changer la vie des Africains ? Qui en a le plus profité ? S'agit-il des Africains ou plutôt des pays non africains où n'intervient pas la BAD, mais qui sont en majorité fournisseurs de biens et de services ? Il en sera de même tant que l'Afrique n'aura pas réussi ses différents plans d'industrialisation. Au sein de la BAD, la bataille pour le contrôle des marchés par les entreprises non régionales est une préoccupation permanente des administrateurs non régionaux. Ces derniers veillent au grain et exercent une forte pression sur la haute direction et particulièrement sur le Président de l'institution.

Quelle est la part globale de l'Afrique dans le volume des investissements effectués par le groupe de la Banque africaine de développement ? Quel est l'impact de ces investissements sur la qualité de vie des Africains et l'objectif d'éradiquer la pauvreté ? Ces questions sont fondamentales et méritent des analyses pertinentes pour apporter des progrès relatifs à la capacité de la BAD à remplir sa mission. La BAD, au vu de ses méthodes et du faible niveau de développement industriel de l'Afrique, donne l'impression d'entretenir des groupes d'acteurs politico-industriels et de bureaucrates en quête de placements financiers et d'investissements rentables.

Cette compétition entre actionnaires non régionaux, qui fait de la BAD un centre de conflits dissimulés, encourage la corruption et la concussion. De nombreux cas de fraudes et de collusion d'intérêts ont été décelés dans les opérations. Cela a conduit à la mise en place du bureau de l'éthique et de la lutte contre la corruption qui encourage-les alerter, comme ceux qui ont failli emporter Adesina, et qui ont permis de déceler des cas d'irrégularités ou de fraudes.

Par ailleurs, l'ouverture du capital de la BAD aux non régionaux a permis de renforcer la signature de l'Institution sur les marchés financiers internationaux et d'améliorer la qualité de son portefeuille. Les non régionaux, en devenant membres de la BAD, ont contribué à créer des opportunités en termes d'emplois et de marchés. Les conditions de services au sein de la BAD sont devenues comparables à celles des autres institutions multilatérales, même si ce qui est valable pour les uns ne l'est pas forcément pour les autres.

La Banque regroupe au sein de son personnel une soixantaine de nationalités, devenant ainsi un centre d'intégration de compétences, mais aussi de confrontations entre les Africains d'une part et, d'autre part, entre ces derniers et les ressortissants des États européens, américains et asiatiques. Les institutions internationales sont des lieux privilégiés d'échanges et d'enrichissement des hommes et des peuples. On y trouve un peu de tout et ce sont aussi des lieux de recrutements de divers organisations et lobbies. Des cadres mus par la quête d'une promotion rapide y adhèrent parfois. La BAD, c'est donc ce bloc hétéroclite d'hommes et de femmes venus d'horizons divers, avec des convictions différentes, mais guidés par la seule ambition de gagner leur vie en travaillant au service du développement économique et social des pays africains.

Cependant, est-ce que le fait de disposer des meilleures expertises en tous domaines a suffi à la BAD pour réussir sa mission ? Peut-être que non. Dès lors, il est impératif de repenser les fondements de l'institution en l'adaptant au contexte de la mondialisation et en redéfinissant la mission à elle assignée par ses pères-fondateurs. L'attachement aux idéaux des pères — fondateurs doit être de mise en conservant l'éthique et l'engagement patriotique qui fait aujourd'hui largement défaut.

L'Afrique doit repenser ses institutions internationales. Les gouvernants doivent remettre en question certaines de leurs institutions afin de les adapter au contexte actuel. On ne peut pas faire fonctionner une institution du XXIe siècle avec une charte portant création de la même institution qui date de plus de 60 ans. Ce qui est valable pour la BAD l'est aussi pour d'autres institutions internationales. Que les chefs d'État africains demandent la mise en place de nouvelles règles de gouvernance. La sélection et le choix des gouvernants des institutions sont à revoir pour éviter des surprises liées à la santé, à la mauvaise réputation et d'autres situations qui pourraient porter atteinte à la probité de l'institution. La bonne gouvernance commence par la façon de choisir les hommes. Enfin, est-ce que les ressources injectées par la BAD dans le financement du développement, en plus de celles fournies au titre de l'aide au développement, ont atteint leurs objectifs ?

Si l'on s'en tient au volume des opérations effectuées par la BAD depuis le début de ses opérations en 1967, la tendance est de répondre par l'affirmative. Mais si l'on s'en tient à l'impact de ces chiffres sur le développement en vue d'éradiquer la pauvreté, la réponse est négative. Non seulement les ressources retournent en grand volume vers les pays membres non régionaux, mais encore le conservatisme et la bureaucratie sont des traits dominants du fonctionnement de l'institution. Réfractaire à toute forme d'innovation, notamment en ce qui concerne les nouvelles approches de financement du développement, la BAD est en train de se marginaliser sur le terrain, avec ses vieilles méthodes non renouvelées depuis soixante ans et ses difficultés à innover en raison d'une lourde bureaucratie.

La BAD n'a pas encore publié un document pertinent sur l'état de la pauvreté en Afrique, probablement par crainte de se rendre compte de sa défaillance face à l'immensité de la tâche qui lui a été confiée. Elle se contente de co-publier, comme si elle n'avait pas son appréciation propre du niveau de la pauvreté en tant qu'institution continentale. Sa mission première est de financer la lutte contre la pauvreté à travers ses projets et programmes de développement. La plupart des documents dont s'inspire la politique de la Banque en matière de lutte contre la pauvreté sont produits par la Banque mondiale. Même les slogans galvaudés de la BAD sont inspirés de la Banque mondiale. Dans ces conditions, comment une institution africaine pourrait-elle mener une lutte efficace contre la pauvreté sur le continent ?

Après 60 ans d'indépendance, l'espoir des Africains semble s'être anéanti. L'espérance a été brisée pour de nombreuses populations rurales africaines. La pauvreté y est devenue un monstre qui côtoie au quotidien les vaillantes populations dont l'ardeur au travail est connue de tous. Mais que peuvent-ils contre le ciel qui refuse de laisser tomber la pluie ou la terre qui se préfère stérile, ou la mer qui lacère son ventre ? Désormais, les paysans préfèrent la misère de la ville pour trouver leur maigre pitance. Pourtant, ces braves gens assuraient leur autosuffisance alimentaire à la force de leur biceps et surtout, quand le ciel clément déversait ses larmes de pluie sur une terre généreuse. Ce sont également les pauvres paysans qui, en Afrique et ailleurs, nourrissent la ville. Comment s'imaginer que les produits agricoles coûtent, en Afrique, plus cher en campagne qu'en ville ? D'ailleurs, en période de soudure, les paysans se rendent en ville pour s'approvisionner en produits de base qu'ils avaient eux-mêmes déversés à vil prix sur le marché au moment de la moisson. Aujourd'hui, au lieu d'investir dans le développement de nouvelles techniques culturales, la BAD organise des séminaires et ateliers pour renforcer des capacités millénaires au lieu de fournir des financements pour moderniser l'agriculture. La microfinance, tel qu'elle est pratiquée, pousse les paysans à abandonner la terre alors qu'elle ne les enrichit guère. Tout est microfinance, même l'aumône. Ce qui donne le sentiment que les bailleurs de fonds veulent mettre un terme au métier de la terre. Car, au lieu de mettre en place des programmes d'irrigation, des bassins de rétention, des fonds pour l'agriculture et pour les cultures de contre-saison, les populations sont orientées vers des secteurs nouveaux qui sont devenus les domaines de prédilection des bailleurs de fonds. Les forces vives sont ainsi détournées vers des activités dont la durabilité reste incertaine.

La BAD n'est pas la Banque mondiale. Ayant débuté ses opérations à la fin de la Deuxième Guerre mondiale, la Banque mondiale a, au seuil du 3e millénaire, investi plus de 100 milliards de dollars E.U en Afrique subsaharienne contre quelque 40 milliards pour la BAD qui a démarré ses opérations en 1967. Comparaison n'est pas toujours raison, mais la Banque mondiale couvre l'ensemble de la planète et peut se permettre de diversifier ses risques. L'on oublie souvent de faire le constat, amer, que les échecs des économies africaines constituent en partie un échec de la BAD qui n'a pas su jouer convenablement le rôle qui lui avait été dévolu par ses pères fondateurs. Car sa mission de développement ne se limite pas seulement à l'économie, mais devrait embrasser le social et dans une certaine mesure le politique. Or la rupture de l'équilibre social et culturel engendre les conflits sociaux aggravés par les mauvaises performances économiques. Ce qui engendre un monstre hybride communément appelé « Pauvreté ». Et tout le monde le voit et en parle, sauf ses victimes qui ne lui trouvent pas de noms…

À la BAD, aucun rapport ne décrit de façon compréhensible la notion de pauvreté ni son état en Afrique. La plupart des documents se limitent à donner des statistiques dont la plupart sont empruntées à d'autres institutions telles que la Banque mondiale et l'OCDE. Pourquoi ne pas mettre en place des structures africaines et renforcer les capacités de la Banque à fournir des données fiables à la communauté des chercheurs ? Les experts de la BAD décrivent la pauvreté, comme le fait la Banque mondiale, notamment en termes de revenus : *« être pauvre c'est vivre avec moins d'un dollar par jour »*. Qu'a fait la BAD au moment où des millions de paysans faisaient face au péril acridien dans les pays du Sahel ? Elle a donné 500 mille dollars. Qu'a-t-elle fait quand des millions d'Éthiopiens faisaient face à la famine la plus dure du siècle dernier ? Elle a donné 500 mille dollars. Qu'a-t-elle fait devant la pandémie du VIH/SIDA ? Qu'a-t-elle fait pour lutter contre le paludisme ? Et enfin, contre la pandémie du Covid-19 ? La BAD aurait pu se lancer dans la stratégie de production d'un vaccin pour l'Afrique. Mais elle limita son action à des interventions circonscrites en ligne avec les seules recommandations de l'Organisation mondiale de la santé. Ce qui est normal, mais pas suffisant pour l'engagement panafricain de l'institution en cas de pandémie ou de disette. Le paludisme décime des millions de personnes tous les ans. Il en est de même du SIDA et de l'Ebola, qui ont fait des ravages au sein de la population africaine.

L'Afrique n'est ni l'Amérique, ni l'Asie, ni l'Europe. Elle est le seul continent à avoir souffert de plus de deux siècles de traite négrière et de plus d'un siècle de colonisation. Elle est le continent le plus riche au monde, mais qui ne jouit pas suffisamment de ses ressources naturelles. La BAD, qui est la banque de développement du continent, croule sous le poids de la bureaucratie et du *diktat* politique des États, surtout les plus développés. N'est-il pas temps de repenser les fondements et la mission de la Banque africaine de développement pour qu'elle réponde mieux au rythme de la marche de l'Afrique et du monde ? En tout cas, il est temps de changer la culture de l'institution et d'adapter son environnement opérationnel et sa gouvernance à son temps et à celui de la jeune génération d'Africains.

Bibliographie

Akpan, M. B. « Black Imperialism : Americano-Liberian Rule over the African Peoples of Liberia, 1841-1964 », La *Revue canadienne des études africaines/The Canadian Journal of Africain Studies,* Volume VII, n°2, 1973, 217-236.

Alcandre, Jean-Jacques. « La Conférence de Berlin 15 novembre 1884-26 février 1885. » *Allemagne d'aujourd'hui* 3 (2016) : 90-97.

Alili, Rochdy. « Reflux d'empires et terres promises. » *Hommes & Migrations* 1235.1 (2002) : 5-15.

Amin, Samir. « Échanges transsahariens et traites négrières arabes et atlantiques. » *Diogène* 179 (1997) : 28.

Armenteros Martínez, Ivan, and Mohamed Ouerfelli. "Réévaluer l'économie de l'esclavage en Méditerranée au Moyen Âge et au début de l'époque moderne. Une introduction." *Rives méditerranéennes* 53 (2016) : 7-17.

BAD, Document de politique, Bureau de l'intégrité et de la lutte contre la corruption (IACD), Rapport 2009-2010.

Banerjee, Abhijit V., and Esther Duflo. *Repenser la pauvreté*. Paris, France : Éd. du Seuil, 2012.

Banque mondiale, Compléter le puzzle sur la pauvreté, Rapport 2018 sur la pauvreté et la prospérité partagée, Washington, 2018.

Blanchard, Emmanuel. « Ordre colonial. » *Genèses* 1 (2012) : 2-7.

Carrington, W. J. et Detragiache, E. (1999) « Quelle est l'ampleur de l'exode des cerveaux ? » *Finances & Développement.* (Juin), 46-49.

Coquery-Vidrovitch, Catherine, and Éric Mesnard. *Être esclave : Afrique-Amériques, XVe-XIXe siècle*. La Découverte, 2019.
Curtin, Ph. D., The Atlantic Slave Trade. À Census, Madison, 1969 et Rediker, Marcus. *À bord du négrier : une histoire atlantique de la traite*. Seuil, 2013.

Da Veiga Pinto, F. Latour. « La participation du Portugal à la traite négrière. » *La traite négrière du XVe au XIXe siècle, Histoire générale de l'Afrique. Études et documents* 2 (1985) : 130-160.

De Sardan, Olivier,

– *Anthropologie et développement. Essai en socio-anthropologie du changement social*. Karthala Editions, 1995.

– (avec Thomas Bierschenk). « Les courtiers locaux du développement. » *Bulletin de l'APAD* 5 (1993).

Desormeaux, Daniel, Deborah Jenson, and Molly Krueger Enz. "The first of the (Black) memorialists: Toussaint Louverture." *Yale French Studies* (2005): 131-145.

Diop, Boubacar Boris. "Le Sénégal entre Cheikh Anta Diop et Senghor." *The University of Texas at Austin* (2006).

Diop, Cheikh Anta,

- (1954) *Nations nègres et cultures,* Paris Présence africaine.

(1967) *Antériorité des civilisations nègres : mythe ou vérité historique ?* Présence africaine.

Diop-Maes, Louise Marie « Mémoire de la traite négrière. Conséquences sur l'Afrique », *Le Monde diplomatique,* novembre 2007, p. IV, disponible sur https://www.monde-diplomatique.fr.

Dorsinville, Roger. *Toussaint Louverture : Ou la vocation de la liberté.* FeniXX, 1965.

Ducros, Jérémy. « Les traites négrières en débat. » *Regards croisés sur l'économie* 2 (2010) : 81-83.

El Mouhoub, Mouhoud. « Les transferts d'épargne des migrants vers les pays d'origine : un enjeu économique pour le développement. » *Revue d'économie financière* (2016) : 223-237.

Esso, Loesse Jacques, and Y. E. O. Nahoua. « Transformations structurelles et développement sectoriel en Côte d'Ivoire. » *Cellule d'analyse de politiques économiques du CIRES* (2014).

Garnier (Robert K. A.) et Pickett (James) : La Banque africaine de 1964-1984, une expérience de coopération et de développement économiques. Traduit par Éliane Londe. — Abidjan, B.A.D., 1984. — 24 cm, XIV-212 p.

Girardet, Raoul. *L'idée coloniale en France : de 1871 à 1962*. FeniXX, 1972.

Guerrout, Naima, Amina Berrahal, and Aziz Mostefaoui. *African-Americans' Rule in Liberia (1840-1900)*. Diss. University Ahmed DRAIA of Adrar, 2020.

Hegel, Georg Wilhelm Friedrich.
- *La phénoménologie de l'esprit : 1807*. Éditions L'Harmattan, 2017
- *Leçons sur la philosophie de l'histoire*. Vrin, 1979.

Hurbon, Laënnec, éd. *L'insurrection des esclaves de Saint-Domingue, 22-23 août 1791 : actes de la table ronde internationale de Port-au-Prince, 8 au 10 décembre 1997*. Karthala Editions, 2000.

Jooris, Joseph. *L'acte général de la Conférence de Berlin*. Muquardt, 1885.

Kaboret, Yalacé Y. « Éviter la fuite des cerveaux en Afrique subsaharienne : rôle des institutions sous-régionales de formation et de recherche. » *Communication présentée à la Conférence régionale sur l'exode des compétences et développement des capacités en Afrique, Addis-Abeba*. 2000, disponible sur https://motspluriels.arts.uwa.edu.au/MP2002yyk.html.

Kane, Cheikh Hamidou, *L'Aventure ambiguë*, Julliard, 1961.

Kantinka Kwame Donkoh Fordwor
- *Perseverance Conquers All,* winmat Publishers Ltd and Worldreader, 2017.
- *The African Development Bank: Problems of International Cooperation,* 1981, Pergamon, réédition : 11 avril 2015.

Lendja Ngnemzué, Ange Bergson. *Politique et émigration irrégulière en Afrique. Enjeux d'une débrouille par temps de crise*. Karthala Editions, 2010.

Liebenow, J. Gus *Liberia. The Evolution of Privilege*, Ithaca, London, Corneil University Press, 1969.

Manceron, Gilles. *Marianne et les colonies : une introduction à l'histoire coloniale de la France*. La découverte, 2020.

Martin, Gaston. *L'ère des négriers (1714-1774) : Nantes au XVIIIe siècle*. Karthala Editions, 1993.

Mazauric, Claude. « Esclavage, résistances et abolitions. » *Annales historiques de la Révolution française*. No. 325. Armand Colin, Société des études robespierristes, 2001.

Mbembé, J-Achille.
– *De la postcolonie : essai sur l'imagination politique dans l'Afrique contemporaine*. Karthala Editions, 2000.
– *Critique de la raison nègre.* La découverte, 2013.
– *Politiques de l'inimitié*. La Découverte, 2018.
– *Sortir de la grande nuit : Essai sur l'Afrique décolonisée*. La Découverte, 2010.

Moyo, Dambisa. *Dead aid: Why aid is not working and how there is a better way for Africa*. Macmillan, 2009.

Mpondo, Robert. "Cheikh Anta Diop : le rebelle." *Afrique 2000 : revue trimestrielle* 20 (1995) : 75-93.

Mwanza, Hugo, and Kabata Kabamba. "Pauvreté et marginalisation rurales en Afrique au sud du Sahara." *Belgeo. Revue belge de géographie* 1 (2002) : 3-16.

Ndiaye, Tidiane « Traite arabo-musulmane : le génocide voilé », entretien à *New Africa*, décembre 2011, disponible sur https://www.prechi-precha.fr/conseils/le-genocide-voile/

Obenga, Théophile. « Cheikh Anta Diop et les Autres. » *Présence africaine*, Nouvelle Série, no. 105/106 (1978) : 29-44.

Omotundé, Jean-Philippe. *La traite négrière européenne : Vérité et Mensonges*. Vol. 3. menaibuc, 2003.

ONU, « Éliminer la pauvreté », disponible sur https://www.un.org/fr/sections/issues-depth/poverty/.

Ouerfelli, Mohamed. *L'économie de l'esclavage en Méditerranée médiévale et moderne*. Éd. Ivan Armenteros Martínez. Presses universitaires de Provence, 2016.

Patton Jr, Adell. "Civil rights in America's African diaspora: Firestone Rubber and segregation in Liberia." *Canadian Journal of African Studies/Revue canadienne des études africaines* 49.2 (2015) : 319-338.

Paulais, Thierry. *Le Liberia : une singulière histoire*. Le Cavalier bleu édition, 2018.

Pétré-Grenouilleau, Olivier.

– *Les traites négrières*. Gallimard, 2006.

–» Les traites négrières, ou les limites d'une lecture européocentrique. »*Revue d'histoire moderne contemporaine* 5 (2005) : 30-45.

Pluchon, Pierre. *Les négriers : le commerce des esclaves africains*. FeniXX, 1981.

Quenum, Alphonse. *Les Églises chrétiennes et la traite atlantique du XVe au XIXe siècle*. Karthala Editions, 2008.

Renault, François, et Serge Daget. *Les traites négrières en Afrique*. Vol. 16. Karthala Editions, 1985.

Saugera, Éric. *Bordeaux, port négrier : chronologie, économie, idéologie, XVIIe-XIXe siècles*. Karthala Editions, 1995.

Sawadogo, Abdoulaye. « La stratégie du développement de l'agriculture en Côte d'Ivoire. » *Bulletin de l'Association de géographes français* 51 415 (1974) : 87-103.

Schœlcher, Victor. *Vie de Toussaint Louverture*. Vol. 4. Karthala Editions, 1982.

Stella, Alessandro. « Histoires d'esclaves dans la péninsule ibérique. » *Recherches d'histoire et de sciences sociales* (2000).

Trabelsi, Salah. Réseaux et circuits de la traite des esclaves au temps de la suprématie des empires d'Orient : Méditerranée, Afrique noire et Maghreb, VIIIe-XIe siècles, in [*Esclavages en Méditerranée : espaces et dynamiques économiques.* — (Collection de la Casa de Velázquez, 1132-7340 ; v. 133)] [Madrid : Casa de Velázquez, 2012.] p.47-62.

Tine, Antoine. *Léopold Senghor et Cheikh Anta Diop face au panafricanisme : deux intellectuels, même combat, mais conflit des idéologies ?* J.-M. Tremblay, 2008.

Wade, Magatte « Un épisode de l'épopée du Cayor : la bataille de Dékhelé », mémoire de maîtrise de Lettres modernes, Université de Dakar, 1980.

Woods, Dwayne. "The tragedy of the cocoa pod: rent-seeking, land and ethnic conflict in Ivory Coast." *Journal of Modern African Studies* (2003): 641-655.

Zorgbibe, Charles. « Senghor et Cheikh Anta Diop ou la conscience restaurée. » *Géopolitique africaine* 13 (2004) : 161-174.

Annexes

1. Discours de Babacar Ndiaye à l'occasion de la célébration des 40 ans de la BAD LE 13 septembre 2004 à Tunis.

Excellences,
Mesdames, Messieurs les Ministres,
Gouverneurs du Groupe de la Banque africaine de Développement,
Excellence Monsieur le Président Omar KABBAJ,
Excellences, chers prédécesseurs, anciens Présidents
Docteur Kwame Donkoh FORDWOR ;
Monsieur Godall GONDWE et
Monsieur Willa MUNG'OMBA
Mesdames et Messieurs les Administrateurs du Groupe de la BAD,
Mesdames et Messieurs les hauts dirigeants de l'Institution,
Mesdames, Messieurs les Membres du personnel,
Honorables invités et (observant toute précaution protocolaire),
Très distingués participants,
Tout d'abord, je voudrais vous prier de bien vouloir vous lever avec moi et observer dans le recueillement une minute de silence à la mémoire des deux premiers Présidents de notre Institution que sont : le Président Mamoun BEHEIRY et le Président Abdel Wahab LABIDI.

Deux de nos illustres prédécesseurs qui avaient réussi à placer l'Institution sur de bons rails dès le départ et ce faisant lui avaient permis d'évoluer sans dérapage dans l'accomplissement de sa mission. Je vous remercie. Vous comprendrez certainement l'émotion qui m'habite en ce moment où cette tribune qui m'est offerte à l'occasion du 40e anniversaire de la Banque africaine de Développement, pour m'adresser à vous, fonctionnaires et agents de cette Institution ?

Je me dois de remercier, avant tout, mon frère, le Président Omar KABBAJ qui a eu l'amabilité de me convier à ces cérémonies commémoratives, par une lettre dont les termes m'ont profondément touché. C'est un geste que j'apprécie dans toute sa beauté et qui, à mes yeux, n'a pas de prix. Encore, merci Monsieur le Président. BARAKA LAOUFIKH Omar.

Monsieur le Président, vous m'avez dans votre lettre demandé de faire une adresse au personnel de la Banque. Face à cette suggestion, je me suis à mon tour posé la question de savoir quel manteau d'ancien me siérait le mieux en cette circonstance exceptionnelle. Devrais-je revêtir le manteau de l'Ancien Fonctionnaire ou celui de l'Ancien Président ? En effet, comment parler exclusivement à partir d'une seule des stations sans occulter une bonne partie d'une si longue carrière qui fut mienne à la Banque ?

J'ai eu du mal à trancher ce dilemme. Cependant, en dernière minute, j'ai choisi de parler en ma qualité d'Ancien Président et même aussi en tant que Président d'honneur, tout en faisant par moments des incursions dans ma vie de fonctionnaire.

J'avais aussi beaucoup hésité par rapport au thème de mon intervention, étant donné qu'aucune indication ne nous avait été faite. Alors, je me suis posé la question de savoir : qu'est-ce qui pourrait accrocher l'attention de ces Messieurs et Dames fonctionnaires de la BAD ? Qu'attendraient-ils de moi qui soit différent de ce que mes illustres prédécesseurs diront ou auront déjà dit ? Non pas que je sois spécial par rapport à eux, qui par ailleurs ont tout un chacun été à de différentes étapes de ma carrière mes patrons, mes mentors. De ce fait, mon parcours au sein de la Banque est, il faut en convenir, bien singulier.

Je ne chercherai pas, en cette occasion, à me substituer aux chercheurs pour proposer ma version de l'histoire de la Banque, telle n'est pas mon ambition. Mais ce parcours d'exception qui a été mien, a fait de moi l'un des témoins des mieux placés dans l'observatoire de l'histoire de la BAD, et l'un des acteurs privilégiés qui ont participé, ou suivi de manière quasi quotidienne l'évolution de l'institution.

Monsieur le Président,
Messieurs les Anciens Présidents,
Distingués participants,
Mesdames et Messieurs les Fonctionnaires de la BAD,
Ayant été recruté à la Banque en juillet 1965, moins de 6 mois après son installation physique, vous conviendrez avec moi que je puis, au même titre que ma sœur Madame Simone Guirandou NDIAYE et mon cher compagnon Georges R. AITHNARD, revendiquer une place au milieu des anciens, surtout que je suis très attaché au souvenir de ceux qui formaient en ces temps-là la petite « Famille BAD ». Je me souviens de cette période avec une pointe de nostalgie, en portant sur la BAD le regard attendri de celle ou de celui qui a vu l'enfant à sa naissance et qui, des années plus tard, voit avec étonnement combien cet enfant a grandi, s'est transformé, pour devenir « soudainement » adulte et responsable.

Mes collègues et moi avons éprouvé une certaine dose de fierté en voyant l'édifice à la construction duquel nous avions apporté nos pierres, si petites fussent-elles, prendre forme et devenir au fil du temps la grande Institution Financière Continentale de renommée internationale : la BAD sous la direction de dirigeants de forte facture intellectuelle qu'étaient le Président Mamoun BEHEIRY, du Soudan, ses Vice-présidents : Mansour MOALLA de Tunisie, Louis NÈGRE du Mali, Sheikh Aziz ALAMOODY du Kenya et Ola VINCENT du Nigeria. Nous étions enthousiastes d'être à la BAD et étions habités par le sentiment que notre travail était utile à l'Afrique et que nous prenions une part active à sa construction.

Nous marquons à l'endroit de chaque membre de la première équipe dirigeante de la BAD notre infinie gratitude pour ce qu'ils ont été pour nous et pour leur contribution, ô combien inestimable dans la phase de démarrage de la BAD où tout était à faire, voire, à imaginer et, à inventer par un travail constant, acharné et créateur. C'était une véritable école : celle de la vie qui nous fera découvrir que les principaux ressorts de nos actions sont en nous et que nous sommes à même de forger notre destin sur l'enclume de la volonté, et d'habiller notre avenir aux couleurs de nos rêves. Comme aimait à le dire Sheikh Aziz ALAMOODY avec un accent très british : « Avec de la volonté, on arrive à bout de tout ». Oui, ces pionniers étaient déterminés à réussir leur mission, ils avaient une grande volonté.

Messieurs les Présidents,
Honorables participants,
La BAD est, somme toute, un organisme vivant qu'animent, dans un espace temporel déterminé, des acteurs « intermittents » qui, à leur départ de l'Institution, sont remplacés par de nouveaux acteurs pour une période donnée avant de céder eux aussi leurs fauteuils à d'autres. Les contributions de chaque dirigeant doivent nécessairement coller aux contraintes et contextes socioéconomique et politique du continent et en tenant compte de l'environnement international. Il va sans dire que les activités et les politiques opérationnelles de la Banque à l'ère de la globalisation, dans le contexte de la mise en œuvre du NEPAD et de l'existence de l'Union africaine et de son programme économique, devront nécessairement être différentes de celles élaborées et mises en œuvre dans le contexte des programmes d'ajustement structurel et de la démocratie comme nouvelle donne politique.

Nous disons avec lucidité et humilité que, à chaque grande période de la vie de notre Institution, correspond un profil particulier de dirigeant. Et je crois en toute sincérité et objectivité que les dirigeants que la BAD a eus à des périodes différentes de son existence ne sont certainement pas interchangeables ou transposables. Autrement dit, l'on peut être chef idoine dans une situation et une période données, et ne pas être la personnalité la mieux indiquée dans un contexte autrement différent et à une période autre. Il ne s'agit point de capacités, ni de compétences, mais de facteurs quelquefois subjectifs qui ont cependant un poids déterminant dans le choix du dirigeant, et pour la réussite de sa mission.

C'est en prenant ces précautions, afin de placer les choses dans le contexte approprié, que je voudrais dépeindre à gros traits l'évolution de la Banque au cours de ces quatre décennies.

- ***La première décennie : 1964-65 –1976***

Les dix premières années de la Banque de 1964/65 à 1976 que j'appellerais décennies Mamoun BEHEIRY — Abdel Wahab LABIDI : la Banque a été marquée au cours de cette décennie par les empreintes des deux présidents de manière significative et très positive. Ils ont donné le bon départ à l'Institution, en la plaçant sur la bonne voie. Un départ raté aurait cloué la BAD au sol et l'aurait même définitivement enfouie sous terre, confirmant ainsi ce à quoi s'attendait le monde extérieur à savoir : « l'incapacité des Africains à réussir ensemble un projet de cette nature ».

Mamoun BEHEIRY en aura été l'artisan principal dans cette phase de démarrage, de mise en place des structures et de l'impulsion d'une identité, propre à la nouvelle Institution Financière, différente des institutions existantes, mais non moins pertinente. Rappelons que c'est feu Mamoun BEHEIRY qui fut initiateur du Fonds africain de Développement (le FAD), et aussi de la Société Internationale Financière pour le Développement de l'Afrique (la SIFIDA), et ce dans le but de mobiliser davantage de ressources, tant publiques que privées, en faveur du continent. Je voudrais suggérer au Président Omar KABBAJ, au Conseil d'Administration de notre Institution, de considérer la possibilité d'apporter une contribution de la BAD pour le financement de la Fondation Mamoun BEHEIRY en voie de création à Khartoum par les amis de notre Premier Président.

Que dire de Feu le Président Abdel Wahab LABIDI ? Il a été le continuateur, le complément de son prédécesseur en parachevant les quelques projets lancés par ce dernier et en y ajoutant d'autres projets tout aussi importants tels Shelter Afrique et AFRICARE, sans parler de l'introduction de la Banque sur les marchés financiers internationaux par voie de crédits bancaires.

Cet appel de la contribution de Feu LABIDI, fait ici même à Tunis, était pour moi un devoir moral, et je voudrais aussi dans le même élan saluer l'âme de mon ami Hedi MELIANE, ex-Secrétaire général de la Banque qui aurait été comblé de joie en ce jour pour fêter avec nous les 40 années de l'Institution qu'il avait servi avec dévouement jusqu'à sa retraite. Hélas ! le destin en a décidé autrement. Que le Seigneur bénisse son âme.

Que de chemins parcourus depuis 1960, ici même à Tunis où s'était tenue « The All African People Conférence », d'où avait germé l'idée de créer pour le continent une « Banque d'Investissement pour l'Afrique » qui sera rebaptisée ultérieurement Banque Africaine de Développement, à ce jour du 13 septembre 2004 à Tunis où nous sommes à nouveau réunis pour fêter cette fois-ci les 40 ans de la BAD ? Comme quoi le destin de la BAD est lié d'une manière certaine à la Tunisie.

- ***La deuxième décennie : 1976-1985***

Les 10 années qui suivront la décennie BEHEIRY/LABIDI furent essentiellement marquées par les empreintes du Dr Kwame Donkoh FORDWOR, et celles de Monsieur Willa MUNG'OMBA. La donne capitale de cette décennie aura été sans conteste l'ouverture du capital aux non-Africains, initiée, engagée par le Président FORDWOR avec détermination et courage.

L'opposition qu'il rencontrera pour ce projet était farouche. Dr FORDWOR aura également été l'auteur des programmes opérationnels avec des objectifs quantitatifs, pour l'époque très ambitieux, vu que le total des investissements qu'il avait programmés sur une période de 5 ans était nettement au-delà de la capacité de financement de la Banque : d'où l'idée d'une augmentation du capital, dans un premier temps, suivie de l'ouverture du capital aux non régionaux.

Le mandat du Président FORDWOR fut, hélas, écourté avant le bouclage de cette opération d'envergure qui allait à jamais transformer la Banque. Au départ précipité du Président FORDWOR, son Vice-président, M. Godall GONDWE, fut nommé, pour quelques mois seulement Président à titre intérimaire. Ce qu'il fut avec brio et douce autorité. Dans ce laps de temps très court, le Président GONDWE réussira à remettre l'administration de la Banque sur pied, après une crise qui allait paralyser pour longtemps l'Institution. Sa contribution avait été salutaire et avait sauvé la Banque.

Nous situerons la contribution du Président MUNG'OMBA, véritable gentleman et d'une finesse à toute épreuve, dans la mouvance du Président FORDWOR. Il avait su convaincre les États, actionnaires de la Banque, à accepter l'entrée de non régionaux dans le capital de la Banque. À cet égard, et pour mieux caractériser les rôles des acteurs principaux pour l'ouverture du capital, nous serions tentés de dire que Dr FORDWOR assisté de M. GONDWE aura été l'architecte principal de l'édifice à bâtir et Mr MUNG'OMBA en aura été le constructeur.

- ***La troisième décennie : 1985-1995***

Cette décennie de l'existence de la Banque a correspondu à une période de consolidation, d'affirmation de la Banque comme Institution majeure auréolée de la Côte de Crédit 3A et dotée de ressources financières importantes consécutivement à une augmentation substantielle de son capital. J'ai eu le privilège d'être aux commandes de notre Institution pendant cette période exaltante et chargée de défis à relever.

À une de mes premières interviews en tant que Président, je déclarais que j'avais conscience de ne pas être le meilleur au Sénégal et encore moins en Afrique, pour occuper ce grand poste : mais le destin avait jeté son dévolu sur moi et cela me donnait des ailes pour prendre à bras le corps ma grande mission. Oui ! Je me suis toujours considéré comme étant en mission à la tête de la BAD, au service de l'Afrique.

Mon bilan, avec ses points faibles et points forts, est consigné de manière indélébile dans les pages de l'histoire complète de la Banque et dont la lecture permettra certainement de tirer des informations fort utiles quant à l'exécution de ma mission. La consultation des procès-verbaux du Conseil d'Administration serait également très indiquée pour mieux cerner les résultats de cette gestion.

Je me présente aujourd'hui devant vous en assumant tout du passif comme de l'actif dudit bilan. Je ne chercherai point à m'affranchir du verdict public, car je comprends parfaitement que tout homme exerçant un magistère public, comme ce fut mon cas, puisse être le point de mire de tous. Le jugement des hommes m'est important. Je me présente devant vous avec la conscience haute d'avoir rempli au mieux de mes capacités, avec dévouement total et honnêteté, ma mission à la BAD au service du Continent. Dieu est mon témoin et le juge ultime.

J'ai travaillé avec abnégation dans l'accomplissement de ma mission et sans nul doute le long du parcours, ai de bonne foi commis quelques erreurs d'appréciation ou même blessé quelques collaborateurs dans leur amour-propre sans vraiment le vouloir. L'occasion m'est offerte ici aujourd'hui de faire mon *mea culpa* et de dire à tous ceux qui étaient avec moi à la BAD un grand merci pour tout le soutien que vous m'aviez donné et sans lequel ma mission n'aurait pas enregistré de succès. Nous avions ensemble surmonté bien de difficultés rencontrées en chemin, nous avions aussi éprouvé ensemble de fortes émotions de joie, de satisfaction ; c'était simplement merveilleux. C'est tout cela que je voulais vous dire à la veille de mon départ définitif de la BAD si l'occasion m'avait été donnée. Aujourd'hui, c'est chose faite : je vous resterai pour toujours redevable.

Je clame aussi haut et fort ma reconnaissance envers tous mes prédécesseurs. Je vous dois beaucoup. Tout au long de ma mission à la tête de la BAD, je m'étais positionné comme le continuateur de votre œuvre. Je vous remercie pour ce que vous avez fait pour moi, en somme votre héritier, et pour votre contribution au développement de notre continent.

- ***Les années 1995-2004***

Il s'agit de la décennie du Président Omar KABBAJ, mon successeur.

Vous conviendrez avec moi que je manquerais d'élégance ou même d'objectivité si je me permettais de parler de la décennie couverte par le Président KABBAJ. Je voudrais cependant saluer avec honnêteté et en toute objectivité le courage dont il a fait montre face à des situations autrement critiques. Il serait trop facile de se placer en juge lorsque l'on est loin des situations et à la limite lorsque l'on n'est pas concerné.

Au plan de la gestion administrative et à bien d'autres égards, le Président KABBAJ a été amené à prendre ses responsabilités dans l'intérêt supérieur de l'Institution. Il s'est comporté réellement en chef dans des circonstances très délicates. Je voudrais personnellement en porter témoignage et dire mon appréciation à son endroit.

L'Histoire fera ressortir, j'en suis persuadé, les traits de complémentarité dans l'action du Président KABBAJ et de celle de son prédécesseur que je suis, à l'instar de la complémentarité existante entre BEHEIRY et LABIDI, d'une part, et entre FORDWOR et MUNG'OMBA d'autre part.

Au demeurant, pourrait-il en être autrement lorsque, remontant le cours de notre culture commune, l'on retrouve les Califes ABUBAKAR SIDIKH et OMAR EL KHATTAB ?

Je ne peux donc que souhaiter une bonne fin de mission à mon frère Président Omar KABBAJ.

- ***Conclusion***

J'avais fait une interview publiée sous forme de livre de poche en 1993, avec un titre bien éloquent et sonore : « L'Afrique, la BAD et moi » et plus tard je développais dans « Foi de Banquier » une autre trilogie à savoir « Dieu, le Travail et l'Afrique ».

Dans la « BAD, l'Afrique et moi », je m'élevais contre le sectionnement de l'Afrique à partir du Sahara, et contre la division du continent à partir des langues des anciennes puissances coloniales. J'y développais le rôle de la BAD qui devrait être à même de bâtir une Afrique intégrée. Aujourd'hui plus qu'hier, le *momentum* est donné avec le NEPAD et l'Union africaine en particulier, qui interpelle notre Institution à prendre l'intégration comme pièce maîtresse de ses activités opérationnelles. Dans « Foi de Banquier », je faisais une profession de Foi en étalant les trois certitudes que l'expérience des trente années que j'ai consacrées à la BAD m'a données : il s'agit de Dieu, du Travail et de l'Afrique.

Je n'insisterai pas ici sur Dieu, mais je dirais tout simplement qu'il importe d'inclure la dimension spirituelle, pas nécessairement religieuse, dans les objectifs de développement. Dire que l'homme est au début et à la fin du développement doit être notre préoccupation primordiale. Cependant, plus important serait que ce développement soit durable, et pour cela il doit intégrer des valeurs de solidarité et de justice sociale.

Au terme de mes années de praticien du développement, je tire la leçon que tout ne fût pas affaire de moyen financier, ou matériel, mais il y a cette autre dimension qui était « Spirituelle » qui devrait s'ajouter aux facteurs à prendre en compte pour réussir véritablement le développement durable.

S'agissant du travail, je voudrais relever ici devant cet auditorium que c'est le seul facteur qui peut nous aider à trouver la clef de l'énigme dans notre aventure pour le développement. Celui-ci hors du travail productif des hommes et des femmes n'aboutirait jamais.

Nous reprendrons à cet égard, pour la circonstance, le *leitmotiv* du Président Abdoulaye WADE dans une de ses adresses au peuple frère du Sénégal « il faut travailler, toujours travailler et encore travailler » en invitant à faire nôtre la recommandation qu'avait faite le Christ, il y a de cela plus de 2000 ans du haut d'une montagne : « lorsque quelqu'un vous invite à faire un kilomètre avec lui, fait en deux ». C'est ce pas supplémentaire qui est le secret de tous ceux et de toutes celles qui ont fait avancer les sociétés humaines dans tous les domaines.

Ce que nous demandons à l'Africain d'aujourd'hui c'est de se nourrir de cette sagesse, clef de la réussite certaine et du bonheur, afin d'installer l'Afrique dans le progrès social et la croissance économique.

Travailler : Le seul moyen d'assurer la réussite est de rendre un service meilleur et plus grand que celui pour lequel on est payé, et ce quelle que soit la tâche.

« Encore travailler ». Les grands monuments qui jalonnent l'histoire des hommes, des pyramides pharaoniques à la muraille de Chine en passant par le Taj Mahal, portent tous le témoignage d'une seule et même vérité : **le Travail.** Et si les hommes aujourd'hui ont pu aller sur la lune, explorer et sonder les espaces interstellaires, installer des autoroutes de communication, développer les toiles d'araignée et l'Internet, c'est qu'ils ont su libérer une somme incommensurable de travail qui a uni dans une même mystique des travailleurs de niveaux et d'horizons divers de formation et spécialités différentes.

Le Travail : j'y crois. Je crois et j'ai cru au travail pour moi-même sur les chemins de ma propre édification. J'y crois pour l'Afrique sur les voies de son développement. J'y crois pour la jeunesse africaine dans sa mission de porter nos rêves et nos espérances pour la conquête des horizons du futur.

Les investissements seront utiles pour offrir au continent les biens d'équipement nécessaires pour la marche en avant, mais rien ne remplacera les efforts librement consentis et pleinement assumés des peuples d'Afrique.

Enfin, je crois en **l'Afrique.** Mon itinéraire personnel m'a souvent placé à la croisée des chemins. J'ai la chance d'être un métis au sens culturel du terme, en me sentant comme un mutant, quelqu'un d'ouvert.

J'ai eu la chance d'entendre l'appel de l'Afrique, qui continue de résonner en moi comme un chant pluriel traduisant bien la diversité culturelle des peuples et des cultures de notre continent. Un peu à l'image d'un pagne, d'un seul tenant, mais riche de ses teintes et tons divers.

Je porte le rêve d'une Afrique forte et unie. Et nous lèverons, demain, les moissons d'abondance. Parce qu'aura enfin sonné l'heure de l'Afrique, l'heure de sécher les larmes d'aujourd'hui, de pardonner les outrages d'hier, de rallumer la mémoire de l'essentiel. Bref, de reprendre ici à partir de Carthage l'initiative historique. Je crois en l'Afrique et j'espère.

Vive le Groupe de la BAD.

2. Allocution du Président Kabbaj à l'occasion de la célébration des 40 ans de la BAD

Mesdames et Messieurs les membres du Conseil d'administration
Mesdames et Messieurs les membres du personnel de la Banque africaine de développement
Chers invités
Mesdames, Messieurs
J'ai le grand plaisir de vous souhaiter, à toutes et à tous, la bienvenue à cette cérémonie officielle de démarrage des activités marquant le 40e anniversaire de la Banque africaine de développement. Comme vous le savez tous, l'accord portant création de la Banque a été signé en août 1963 à Khartoum au Soudan et est entré en vigueur un an plus tard, en septembre 1964. À sa création, les objectifs de la Banque avaient été énoncés clairement et simplement : « contribuer au développement économique et au progrès social durables de ses États membres régionaux individuellement et collectivement ». Il est donc approprié que nous marquions cette date importante d'une pierre blanche, car elle représente quatre décennies d'accomplissement, souvent dans des circonstances difficiles.

Il est tout aussi indiqué, en cette occasion, de rappeler et de saluer les multiples contributions de tous ceux qui ont été associés à la Banque au cours de ces quatre dernières décennies nos actionnaires, les membres du Conseil d'administration, la direction et les membres du personnel ainsi que nos nombreux partenaires au développement. Comme à Kampala où nous avons célébré le 40e anniversaire en organisant un symposium à l'occasion de nos Assemblées annuelles, nous avons invité des anciens présidents, vice-présidents, membres du Conseil d'administration et membres du personnel à se joindre à nous cette semaine pour célébrer cet événement mémorable et certains d'entre eux sont présents parmi nous ce matin. Nous leur souhaitons la bienvenue et nous attendons avec impatience d'accueillir le reste et d'avoir l'occasion de procéder à un échange de vues avec eux et confronter nos expériences variées.

Le 40e anniversaire devrait aussi être l'occasion pour tous ceux qui sont associés à la vie de la Banque de s'accorder un moment de réflexion. C'est le moment de faire le point sur le chemin parcouru par notre institution, de dresser le bilan de nos succès et de nos revers et d'évaluer de manière plus approfondie les défis qui nous interpellent. Le moment est aussi bien indiqué pour remobiliser nos énergies afin d'accomplir la noble mission de notre institution, à savoir, l'amélioration du sort des millions d'hommes et de femmes en Afrique qui continuent de vivre aujourd'hui dans la pauvreté absolue. Cette mission a été énoncée par nos pères fondateurs il y a environ 40 ans et réaffirmée à de nombreuses occasions par nos actionnaires et nos parties prenantes. Nous ne devons donc jamais oublier qu'on attend beaucoup de nous, et que ce sera encore davantage le cas à l'avenir.

Ce matin, je voudrais saisir cette occasion pour revoir avec vous les progrès que notre banque a réalisés au cours des quatre dernières décennies et en particulier au cours des huit années écoulées depuis le lancement de nos principaux programmes de réforme. Ceci bien évidemment ne diminue en rien ni le travail important ni les nombreuses réalisations importantes qui ont été accomplis auparavant. En effet, si la Banque est ce qu'elle est aujourd'hui, c'est grâce au dévouement et à l'ardeur au travail de tous ceux qui ont été associés à la vie de notre institution au cours des quatre décennies écoulées. Ce matin, j'évoquerai aussi les grands enjeux institutionnels auxquels nous serons vraisemblablement confrontés à l'avenir. Je m'en tiendrai à ces questions, car j'aurai l'occasion d'aborder les grands enjeux du développement auxquels nos pays membres régionaux et notre banque font face à l'occasion du symposium organisé mercredi prochain pour marquer ce 40e anniversaire.

- ***La Banque à son 40e anniversaire***

Mesdames, Messieurs,

En remontant quatre décennies en arrière, il ne fait guère de doute que notre banque a fait beaucoup de chemin. Lorsqu'elle a accordé ses premiers prêts en 1967, le capital autorisé de la Banque s'élevait à 250 millions d'UC et le nombre de ses membres ayant souscrit le capital à 33. En outre, bien que les ressources à sa disposition aient été considérablement augmentées du fait de la création du Fonds africain de développement en 1973 et de celle du Fonds spécial du Nigeria en 1976, la Banque est, néanmoins, restée une institution relativement modeste durant les deux premières décennies de son existence.

Ce n'est que lorsque la Banque a accueilli en son sein des pays membres non régionaux en 1982 qu'elle a pu devenir ce qu'elle est aujourd'hui-la première institution de financement du développement du continent. Cette décision a également préparé la Banque à devenir une organisation de financement du développement véritablement multilatérale à l'instar de ses institutions sœurs dans d'autres régions avec au total 77 pays membres non seulement d'Afrique, mais aussi des

Amériques, d'Asie et d'Europe. En effet, aujourd'hui, le Groupe de la Banque représente un partenariat international exceptionnel au service du développement de l'Afrique.

L'adhésion des pays membres non régionaux a également jeté les bases des cinq augmentations successives du capital de la Banque qui, aujourd'hui, s'élève à 21,5 milliards d'UC. Il est tout aussi important de souligner qu'elle lui a permis de devenir la seule institution du continent à être créditée d'une cotation AAA. J'ajoute que cette bonne signature de la Banque sur les marchés de capitaux internationaux a été réaffirmée par le succès du lancement l'an dernier de notre première émission obligataire multimarchés de référence d'un milliard de dollars sur les marchés financiers internationaux.

Tout en consolidant son assise financière au cours des dernières décennies, le Groupe de la Banque n'a cessé d'adapter ses opérations. Après avoir, dans un premier temps, concentré son action sur l'infrastructure et l'agriculture, il a, au fil du temps, élargi sa mission pour y inclure la réduction de la pauvreté et la promotion d'une croissance économique durable. Cette orientation a été, à l'évidence, réaffirmée dans la déclaration sur la Vision que nous avons adoptée en 1999, suite à de larges consultations menées auprès de toutes nos parties prenantes. Elle est aussi la clef de voûte du plan stratégique que nos Conseils d'administration ont approuvé à la fin de l'année 2002. La primauté de la réduction de la pauvreté et de la création d'emplois a été réaffirmée par les Chefs d'État et de gouvernement lors du Sommet extraordinaire de l'Union africaine qui s'est tenu à Ouagadougou la semaine dernière. À la conclusion du Sommet, ils ont adopté un Plan d'action et approuvé des mécanismes de suivi.

Il importe de souligner que notre déclaration sur la Vision nous a permis de clarifier et de définir nos domaines d'intervention prioritaires. Par ailleurs, il est tout aussi important de préciser qu'elle a élargi le champ de nos opérations à des domaines tels que la bonne gouvernance qui furent jadis considérés comme n'étant pas du ressort de la Banque. Avec l'adoption de notre plan stratégique, nous avons précisé les principes fondamentaux qui régiront nos opérations dans nos pays membres régionaux, à savoir, premièrement, l'appropriation des politiques et programmes par les pays, deuxièmement, l'exercice d'une plus grande sélectivité dans nos interventions, compte tenu de notre avantage comparatif, troisièmement, le recours à l'approche participative dans toutes nos interventions dans nos pays membres régionaux et, quatrièmement une coopération et une collaboration étroites avec tous nos partenaires au développement.

Je dois également ajouter que le Groupe de la Banque a, au cours des quatre dernières décennies, adapté ses interventions et mis au point de nouveaux instruments afin de faire face à l'évolution des besoins de ses pays membres régionaux. Ainsi, au milieu des années 80, il a amorcé les opérations à l'appui des réformes pour soutenir les réformes de politiques et intervenir avec des ressources à décaissement rapide lorsqu'un nombre croissant de nos pays membres se sont trouvés face à de graves difficultés de balance des paiements. Il a démarré ses opérations dans le secteur privé au début des années 90 — et les a renforcées au cours de la décennie écoulée — lorsqu'il est apparu de plus en plus clairement que seul un secteur privé dynamique pouvait aider nos pays à accélérer la croissance économique. Ensuite, nous avons commencé à accorder des allégements de dette à nos pays pendant la deuxième moitié des années 90 dans le cadre de l'initiative PTTE, lorsqu'il est apparu clairement que les perspectives de développement de nombre de nos pays à faible revenu étaient hypothéquées par l'accumulation d'une lourde dette extérieure.

Si notre banque a réalisé des progrès notables au cours des quatre dernières décennies, force nous est, toutefois, de reconnaître qu'elle s'est aussi trouvée face à de graves difficultés — voire à des crises — par le passé. Cela a été particulièrement le cas au début et au milieu des années 90. Après avoir rapidement accru son programme de prêts au cours des années précédentes, nombre de ses actionnaires ont commencé à avoir l'impression que la Banque ne maîtrisait plus suffisamment ses opérations.

Par ailleurs, nombreux sont ceux qui ont estimé que l'accès au guichet non confessionnel de la BAD par des pays qui n'étaient plus solvables et qui avaient, par ailleurs, accumulé des arriérés importants au titre de leur dette extérieure, sapait l'assise financière de la Banque. De plus, diverses lacunes dans la gestion interne des ressources financières et humaines de la Banque commençaient à apparaître.

Ces difficultés ont été à l'origine de sérieuses divergences entre les actionnaires de la Banque et un grand nombre d'entre eux ont commencé à exprimer leur perte de confiance dans l'institution. Ce sont ces divergences qui expliquent le hiatus de deux ans qui s'est écoulé de 1994 à 1996 pendant lequel il n'y a pas eu de nouvelles activités de prêts financés sur le guichet du FAD — la première fois que cela se produisait dans l'histoire de la Banque. Elles ont aussi conduit au report des négociations sur la cinquième augmentation générale du capital de la Banque.

Face à ces crises, la Banque a entrepris d'examiner en profondeur ses opérations et cette étude a abouti à la publication du *Rapport Knox* en 1994. En outre, les Conseils des gouverneurs ont mis en place un comité d'éminentes personnalités chargées d'examiner tous les aspects des structures de gouvernance de la Banque et de proposer des changements. Leur rapport intitulé *Réforme des structures de « gouvernance » de la Banque africaine de développement* comprenant une série de recommandations sur la gouvernance institutionnelle a été rendu public au début de l'année 1996.

- ***Résultats du processus de réformes***

Mesdames, Messieurs,

Suite à la publication de ces importants rapports, la Banque a engagé une série de réformes portant sur tous les volets de ses activités et de sa structure organisationnelle, y compris les opérations, les finances, la gestion et la gouvernance institutionnelles. Au bout d'une décennie de réformes approfondies, où en sommes-nous aujourd'hui ? Quels enjeux institutionnels reste-t-il à relever ? Permettez-moi de vous en brosser un large aperçu.

  - *Opérations*

S'agissant de nos opérations, nous avons pris une série de mesures importantes visant à améliorer la qualité, l'efficacité et la soutenabilité. Nous avons décidé, premièrement, d'élaborer un cadre de politique, global et cohérent, conformément aux pratiques optimales appliquées dans d'autres organisations pour orienter toutes nos opérations. Deuxièmement, nous avons renforcé notre système interne de revue et formé les cadres en matière d'élaboration de projets afin d'améliorer leur qualité en amont. Troisièmement, nous nous sommes engagés à renforcer notre gestion de portefeuille en veillant à ce qu'il y ait au moins 1,5 pour cent des missions de supervision par projet et par programme par an, à enrichir le dosage des compétences des missions de supervision et à effectuer des revues à mi-parcours, et quatrièmement, nous avons mis en place, au cours de l'année écoulée, un cadre de gestion axée sur les résultats du développement pour nous aider à mieux évaluer l'impact de nos opérations sur le terrain et à renforcer leur efficacité sur le développement.

Nos interventions ont spécifiquement renforcé l'appropriation des politiques et programmes par les pays membres en alignant davantage nos documents de stratégie par pays (DSP) sur les documents de stratégie de réduction de la pauvreté (DSRP) de nos pays membres régionaux, là où ils existent.

Par ailleurs, afin de promouvoir la viabilité et renforcer la mise en œuvre des programmes et projets, des efforts considérables ont été déployés pour faire en sorte que les parties prenantes soient impliquées dans la formulation des DSP et dans l'élaboration de projets et programmes spécifiques. Je suis convaincu que la collaboration avec nos partenaires s'est également beaucoup améliorée — comme le montrent les liens de travail étroits que nous avons tissés avec les institutions de Bretton Woods, le système des Nations Unies, les organisations bilatérales et les ONG.

Il ne fait pas de doute que ces diverses mesures se sont traduites par une amélioration générale de la qualité de nos projets et programmes. J'en ai pour preuve la diminution persistante du nombre de projets classés comme difficiles. En 1995, ils représentaient 35 pour cent du portefeuille de projets, mais ils sont tombés à moins de 10 pour cent en 2003.

Si nous nous félicitons des réalisations accomplies à ce jour, il est, toutefois, clair que nous sommes appelés à prendre des mesures additionnelles, en particulier pour accélérer la mise en œuvre des projets, veiller à ce qu'ils soient achevés en temps opportun et renforcer leur impact sur le développement. L'évaluation indépendante des FAD VII à IX fait également ressortir un certain nombre de domaines qui méritent d'être renforcés.

À cette fin, et comme nombre d'entre vous le savent, nous avons élaboré un nouveau plan d'action visant à améliorer la mise en œuvre de nos opérations qui sera bientôt soumis à nos Conseils d'administration pour examen. Ce plan préconise une série de mesures portant en priorité sur le renforcement de la capacité institutionnelle des pays, l'amélioration accrue de la qualité des projets en amont, l'opérationnalisation poussée des questions transversales d'importance cruciale telle que la gouvernance, la problématique homme-femme et la viabilité de l'environnement, la réduction substantielle du temps nécessaire pour que les projets deviennent efficaces, l'amélioration des décaissements et la mise en œuvre progressive des systèmes de gestion axée sur les résultats.

En outre, nous accordons un poids accru aux études économiques et sectorielles, ce qui nous permettra de renforcer considérablement notre programme de recherche en vue d'appuyer fermement nos opérations et de multiplier nos activités dans des secteurs clés tels que la gestion des affaires publiques et l'intégration régionale. Par ailleurs, un nouveau document de stratégie du secteur privé est en cours d'élaboration et suite à son approbation par le Conseil d'administration, nous mettrons tout en œuvre pour approfondir nos travaux dans cet important domaine d'intervention. Nous allons également accélérer la décentralisation de nos opérations en ouvrant 16 bureaux nationaux au cours des deux prochaines années, conformément à la stratégie approuvée par les Conseils d'administration, ce qui les portera à 25 au total. Ceci renforcera considérablement notre présence sur le terrain et contribuera à l'amélioration du dialogue avec nos pays membres régionaux, au renforcement de la mise en œuvre de nos opérations et à l'amélioration de la coordination et de la coopération avec nos partenaires.

À cette fin, pour aider le Groupe de la Banque à pallier la pénurie d'effectifs et aux contraintes budgétaires dans d'autres domaines, nous présenterons bientôt aux Conseils d'administration une proposition que nous avons baptisée « le Pacte stratégique ». Ce Pacte fera ressortir les effectifs et les ressources financières supplémentaires dont le Groupe de la Banque aura besoin pour renforcer ses activités dans des domaines cruciaux afin de répondre aux nombreux appels émanant de ses actionnaires et de ses clients.

Je suis convaincu que la mise en œuvre intégrale de ce Pacte se traduira par le recrutement du personnel additionnel dont les complexes opérationnels ont besoin pour renforcer encore davantage la qualité et la pertinence de notre assistance aux pays membres régionaux. Par conséquent, je ne vois pas pourquoi nos opérations ne pourraient pas être de la plus haute qualité et se comparer aux pratiques optimales et aux performances des autres régions. J'en appelle donc à vous, cadres des complexes des opérations ainsi qu'aux autres fonctionnaires de la Banque pour que vous poursuiviez l'excellent travail que vous avez accompli par le passé et je vous invite même à vous surpasser. Je suis, pour ma part, convaincu que comme par le passé, vous saurez vous montrer à la hauteur de ce défi.

- *Gestion financière*

Venons-en, à présent, au Complexe financier. Nous avons également entrepris une série de réformes et pris des mesures qui ont donné bien des résultats positifs. Au cours des huit dernières années, pour mieux répondre aux besoins de nos clients, nous avons adopté de nouveaux produits de prêt. La gestion de l'actif et du passif de la Banque n'a cessé de s'améliorer, et aujourd'hui, nous n'avons plus rien à envier aux pratiques optimales en vigueur dans d'autres institutions financières.

Par ailleurs, la Banque a modernisé ses systèmes de gestion des risques de crédit et de trésorerie. Avec la mise en œuvre du système intégré de planification des ressources (SAP), la Banque figure désormais parmi les rares institutions du continent qui disposent du système de technologie de l'information le plus moderne pour la gestion de tous les compartiments de ses activités financières.

Ces mesures, auxquelles s'ajoutent le nettoyage du portefeuille de la Banque, l'application systématique de la politique en matière d'arriérés et la gestion prudente du budget des dépenses administratives, ont permis de renforcer considérablement l'assise financière de l'institution. Le revenu d'exploitation net de la Banque est parti du faible niveau de 80 millions de dollars en 1994 pour avoisiner les 260 millions de dollars au cours des deux dernières années. Les réserves ont largement doublé durant les huit dernières années et le volume des arriérés qui avait progressivement augmenté et atteint 1,1 milliard d'UC en 2001 a été réduit environ de moitié et est tombé à 677 millions d'UC en 2003. De plus, les ratios financiers de la Banque, notamment le ratio de levier, le ratio d'endettement et le ratio de liquidités, sont à ce jour parmi les meilleurs de toutes les banques multilatérales de développement.

Le renforcement notable de l'assise financière de la Banque lui a permis d'apporter en 2003 une contribution extraordinaire au FAD afin d'amortir l'impact du coût de la relocalisation sur le Fonds. Il a également permis à la Banque de commencer à verser des contributions au mécanisme en faveur des pays sortant d'un conflit approuvé par les Conseils d'administration en 2004 en puisant dans son revenu net. Nous prévoyons que la Banque affectera à ce mécanisme un montant total de 100 millions d'UC sur les trois prochaines années.

- *Gestion institutionnelle*

Des réformes profondes dans d'autres secteurs d'activité ont également été entreprises dans le cadre de la gestion institutionnelle. Depuis 1995, la Banque a procédé à deux restructurations. La première, intervenue en 1996, était justifiée par la crise que la Banque traversait et devait se solder par une réduction sensible de ses effectifs. En revanche, la seconde, entreprise en 2002, visait à doter le Groupe de la Banque des moyens organisationnels nécessaires pour mettre en œuvre pleinement sa Vision. Cette mesure allait dans le sens d'une expansion notable des activités. S'il est vrai que la mise en œuvre de certains volets de la deuxième restructuration, tels que le recrutement à certains postes, a été retardée en raison de la relocalisation temporaire, je suis persuadé que toutes les composantes seront intégralement mises en œuvre au cours des prochains mois.

Dans le cadre de la réforme de notre gestion institutionnelle, nous avons enregistré des avancées considérables dans le domaine de la gestion des ressources humaines. Outre des activités fondamentales telles que la classification de tous les postes et l'identification des principaux déficits de compétences, nous avons veillé à ce que l'ensemble de notre système de recrutement, de nomination et de promotion soit tout à fait transparent. Certes, ces procédures ont parfois été longues, mais je ne pense pas qu'il y ait beaucoup d'autres solutions pour faire en sorte que ce système soit effectivement ouvert et équitable.

Nous avons également fait des efforts considérables pour porter les rémunérations et les prestations au personnel à un niveau comparable à celui qu'offrent les institutions sœurs. Il y a cinq ou six ans, s'agissant des salaires des agents de la catégorie professionnelle, l'écart était de l'ordre de 40 pour cent, mais depuis, nous l'avons considérablement réduit. En outre, les prestations à notre personnel sont aujourd'hui comparables à ce que les institutions sœurs offrent de mieux. Au nombre d'autres innovations en matière de gestion des ressources humaines figurent le programme très important de formation du personnel que nous avons lancé, ainsi que les nouvelles initiatives en matière de déroulement de la carrière et de mobilité du personnel.

À l'instar de ce que nous avons entrepris dans le domaine de la gestion des ressources humaines, nous nous sommes considérablement investis dans la modernisation de notre système de technologie de l'information. En 1996, la Banque n'avait que des postes de travail individuels qui n'étaient pas interconnectés, et l'essentiel du travail de gestion des ressources humaines et financières était effectué à l'aide d'ordinateurs obsolètes. Durant les huit dernières années, la Banque a investi des ressources considérables dans son système informatique, dont le système SAP que j'ai évoqué précédemment. Il ne fait guère de doute que notre système aujourd'hui est ultramoderne. En effet, sa flexibilité, sa grande capacité et sa valeur ont été amplement prouvées par la facilité avec laquelle nous avons pu opérer le transfert de nos opérations suite à notre relocalisation temporaire à Tunis. Et c'est ici le lieu d'adresser mes vives félicitations au personnel de la Banque pour ce remarquable tour de force.

- *Gouvernance institutionnelle*

Le dernier domaine que je voudrais aborder est celui du progrès que nous avons accompli en matière de gouvernance institutionnelle. En effet, que de chemin parcouru depuis les graves dissensions qui opposaient nos actionnaires au début des années 1990, et les graves divergences qui existaient entre la Direction et le Conseil d'administration ! Les réformes en matière de gouvernance institutionnelle ont permis de garantir la protection des droits de tous les actionnaires. Cette évolution a permis au Groupe de la Banque de conclure avec succès la Cinquième augmentation générale du capital en 1999, les trois — c'est-à-dire les 7e, 8e et 9e — reconstitutions successives des ressources du FAD, et de mobiliser des ressources considérables pour financer la participation de la Banque à l'Initiative PPTE. Ces opérations se sont soldées à ce jour par une mobilisation importante de ressources qui devraient dépasser le montant de 25 milliards de dollars, à l'issue des négociations en cours sur le FAD-X qui, nous l'espérons, déboucheront sur une augmentation sensible des ressources du FAD.

Les relations de travail entre les Conseils d'administration et la Direction sont également très harmonieuses depuis 1995, la plupart des activités étant conduites de façon professionnelle et consensuelle. Ce climat de sérénité et de concorde a permis à la Banque de mettre en œuvre l'éventail des réformes que j'ai passées en revue tout à l'heure. En effet, je voudrais saisir cette occasion pour exprimer toute ma gratitude aux membres anciens ou en exercice du Conseil d'administration, pour avoir contribué à l'instauration de ces relations fructueuses.

- ***Conclusion***

Mesdames et Messieurs,

Je voudrais, pour conclure, souligner que notre Banque a fait beaucoup de chemin depuis sa création il y a quatre décennies. Nous pouvons nous féliciter du fait que, grâce aux actions de ses pères fondateurs, Conseils d'administration, Direction et personnel de la Banque, ainsi qu'au programme ambitieux de réformes que nous avons mis en œuvre au cours des huit dernières années, l'institution se soit hissée au rang des principales banques multilatérales de développement avec le plein appui de ses actionnaires. La preuve en a été amplement administrée pendant l'une des étapes les plus cruciales de l'évolution de cette Banque, à savoir la relocalisation temporaire de ses opérations à Tunis. En effet, l'Afrique dispose aujourd'hui d'une institution dont elle peut, à juste titre, s'enorgueillir.

Cependant, malgré ces nombreuses réalisations enregistrées au cours des quatre décennies écoulées, nous ne pouvons pas nous permettre de dormir sur nos lauriers. Nous devons nous appuyer sur les bases que nous avons jetées pour faire en sorte que la Banque devienne véritablement la première institution de financement du développement du continent — une institution capable non seulement de subvenir à une part importante des besoins de financement de ses clients, mais encore d'imprimer une orientation intellectuelle et d'être à l'avant-garde de l'innovation pour ce qui est des questions de développement en Afrique.

C'est pourquoi je vous exhorte tous à vous réinvestir dans la réalisation des nobles objectifs de notre institution, à savoir, réduire la pauvreté et permettre à nos pays de s'arrimer au train des pays en développement émergents du monde. Je vous engage également à ne jamais perdre de vue le fait que vous êtes des fonctionnaires internationaux et que vous serez appelés à adhérer aux valeurs et à l'étiquette qui sont celles de fonctionnaires. Par ailleurs, il est impératif que vous démontriez par vos actes que vous respectez effectivement la mission et les valeurs auxquelles vous avez collectivement souscrit en 2002. Je suis persuadé que vous saurez tous vous montrer à la hauteur de ce défi. Je vous remercie de votre aimable attention.

3. Images d'archives

Dr Magatte WADE, Chef de la communication et des relations extérieures du groupe de la BAD, visitant le chantier des travaux de rénovation du Siège de la BAD à Abidjan en prélude au retour de l'Institution en Côte d'Ivoire, 2013.

La première rencontre officielle de Donald Kaberuka (gauche) qui vient d'être élu président de la BAD avec le Secrétaire général Cheikh Ibrahima Fall (droite) en présence de Magatte Wade (milieu) à l'hôtel Abou Nawas de Tunis, 2005.

Table des matières

Structures éditoriales du groupe L'Harmattan

L'Harmattan Italie
Via degli Artisti, 15
10124 Torino
harmattan.italia@gmail.com

L'Harmattan Hongrie
Kossuth l. u. 14-16.
1053 Budapest
harmattan@harmattan.hu

L'Harmattan Sénégal
10 VDN en face Mermoz
BP 45034 Dakar-Fann
senharmattan@gmail.com

L'Harmattan Cameroun
TSINGA/FECAFOOT
BP 11486 Yaoundé
inkoukam@gmail.com

L'Harmattan Burkina Faso
Achille Somé – tengnule@hotmail.fr

L'Harmattan Guinée
Almamya, rue KA 028 OKB Agency
BP 3470 Conakry
harmattanguinee@yahoo.fr

L'Harmattan RDC
185, avenue Nyangwe
Commune de Lingwala – Kinshasa
matangilamusadila@yahoo.fr

L'Harmattan Congo
67, boulevard Denis-Sassou-N'Guesso
BP 2874 Brazzaville
harmattan.congo@yahoo.fr

L'Harmattan Mali
ACI 2000 - Immeuble Mgr Jean Marie Cisse
Bureau 10
BP 145 Bamako-Mali
mali@harmattan.fr

L'Harmattan Togo
Djidjole – Lomé
Maison Amela
face EPP BATOME
ddamela@aol.com

L'Harmattan Côte d'Ivoire
Résidence Karl – Cité des Arts
Abidjan-Cocody
03 BP 1588 Abidjan
espace_harmattan.ci@hotmail.fr

Nos librairies en France

Librairie internationale
16, rue des Écoles
75005 Paris
librairie.internationale@harmattan.fr
01 40 46 79 11
www.librairieharmattan.com

Librairie des savoirs
21, rue des Écoles
75005 Paris
librairie.sh@harmattan.fr
01 46 34 13 71
www.librairieharmattansh.com

Librairie Le Lucernaire
53, rue Notre-Dame-des-Champs
75006 Paris
librairie@lucernaire.fr
01 42 22 67 13

www.ingramcontent.com/pod-product-compliance
Lightning Source LLC
LaVergne TN
LVHW011009061026
849535LV00006B/1791
* 9 7 8 2 3 4 3 2 2 9 3 2 4 *

सावित्रीबाई फुले पुणे विद्यापीठाच्या ऑगस्ट २०२३ पासून सुरू झालेल्या एम. कॉम च्या 'औद्योगिक अर्थशास्त्र' या विषयाच्या अभ्यासक्रमासाठी व इतर विद्यापीठांच्या संबंधित अभ्यासक्रमासाठी उपयुक्त पुस्तक

औद्योगिक अर्थशास्त्र

[Course Code : 60102 A]

M.Com. - I (Sem. - I)

As per New Education Policy (2020)

Dr. R. G. Rasal
(M.A., M.Phil., Ph. D.)
PVP College of Arts, Science and Commerce, Pravaranagar, Loni, A.Nagar.

Dr. Rajendra Shirasi
(M.A., Ph.D.)
Hutatma Rajguru Mahavidyalaya, Rajgurunagar, Pune.

Dr. Archana Aher
(M.A., M.Phil., B.Ed., M.Ed., L.L.B., SET, Ph.D.)
MIT Arts, Commerce & Science College, Alandi, Pune.

Dr. M. G. Thopate
(M.A., M. Phil., Ph.D.)
S. B. Kul College, Kedgaon, Daund, Pune.

२०२३

SUCCESS PUBLICATIONS

प्रकाशक :
डॉ. राजेश पाटणे
सक्सेस पब्लिकेशन्स
राधाकृष्ण अपार्टमेंट, ५३५ शनिवार पेठ,
आप्पा बळवंत चौक, प्रभात टॉकिज समोर, पुणे ४११ ०३०
फोन नं : ०२०-२४४३४६६२
मोबा. - ९३२५३१५४६४

आवृत्ती
२०२३

संपादक
श्री. वाल्मिक गायकवाड

अक्षरजुळणी :
कु. वर्षा लोखंडे

मुखपृष्ठ :
कु. वर्षा लोखंडे

***ISBN NO.* - 978-81-19180-57-8**
